寻佛啟示

釋迦牟尼

李民安　著

三民書局

## 獻給孩子們的禮物

### 主編的話

　　世界上最幸福的孩子，是他們一出生就有機會接近故事書，想想看，那些書中的人物，不論古今中外都來到了眼前，與他們相識，不僅分享了各個人物生活中的點滴，孩子們的想像力也隨著書中的故事情節飛翔。

　　不論世界如何演變，科技如何發達，孩子一世幸福的起源，仍然來自於父母的影響，如果每一個孩子都能從小在父母親的懷抱中，傾聽故事，共享閱讀之樂，長大後養成了閱讀習慣，這將是一生中享用不盡的財富。

　　三民書局的劉振強董事長，想必也是一位深信讀書是人生最大財富的人，在讀書人口往下滑落的多元化時代，他仍然堅信讀書的重要，近年來，更不計成本，連續出版了特別為孩子們策劃的兒童文學叢書，從「文學家」、「藝術家」、「音樂家」、「影響世界的人」系列到「童話小天地」、「第一次」系列，至今已出版了近百本，這僅是由筆者主編出版的部分叢書而已，若包括其他兒童詩集及套書，三民書局已出版不下千百種的兒童讀物。

　　劉董事長也時常感念著，在他困苦貧窮的青少年時期，是書使他堅強向上，在社會普遍困苦，而生活簡陋的年代，也是書成了他最好的良伴，他希望在他的有生之年，分享這份資產，讓下一代可以充分使用，讓親子共讀的親情，源遠流長。

　　「世紀人物 100」系列早就在他的關切中構思著，希望能出版

孩子們喜歡而且一生難忘的好書。近年來筆者放下一切寫作，接下這份主編重任，並結合海內外有心兒童文學的作者共同為下一代效力，正是感動於劉董事長致力文化大業的真誠之心，更欣喜許多志同道合的朋友，能與我一起為孩子們寫書。

「世紀人物100」系列規劃出版一百位人物故事，中外各占五十人，包括了在歷史上有關文學、藝術、人文、政治與科學等各行各業有貢獻的人物故事，邀請國內外兒童文學領域專業的學者、作家同心協力編寫，費時多年，分梯次出版。在越來越多元化的世界中，每個人都有各自的才華與潛力，每個朝代也都有其可歌可泣的故事，但是在故事背後所具有的一個共同點，就是每個傳主在困苦中不屈不撓，令人難忘的經歷，這些經歷經由各作者用心博覽有關資料，再三推敲求證，再以文學之筆，寫出了有趣而感人的故事。

西諺有云：「世界因有各式各樣不同的人群，才更加多采多姿。」這套書就是以「人」的故事為主旨，不刻意美化傳主，以每一位傳主的生活經歷為主軸，深入描寫他們成長的環境、家庭教育與童年生活，深入探索是什麼因素造成了他們與眾不同？是什麼力量驅動了他們鍥而不捨的毅力？以日常生活中的小故事，來描繪出這些人物，為什麼能使夢想成真。為了引起小讀者的興趣，特別著重在各傳主的童年生活描述，希望能引起共鳴。尤其在閱讀這些作品時，能於心領神會中得到靈感。

和一般從外文翻譯出來的偉人傳記所不同的是，此套書的特色是，由熟悉兒童文學又關心教育的作者用心收集資料，用有趣的故

事，融入知識，並以文學之筆，深入淺出寫出適合小朋友與大朋友閱讀的人物傳記。在探討每位人物的內在心理因素之餘，也希望讀者從閱讀中，能激勵出個人內在的潛力和夢想。我相信每個孩子在年少時都會發呆做夢，在他們發呆和做夢的同時，書是他們最私密的好友，在閱讀中，沒有批判和譏諷，卻可隨書中的主人翁，海闊天空一起遨遊，或狂想或計畫，而成為心靈知交，不僅留下年少時，從閱讀中得到的神交良伴（一個回憶），如果能兩代共讀，讀後一起討論，綿綿相傳，留下共同回憶，何嘗不是一幅幸福的親子圖？

2006 年，我們升格成為祖字輩，有一位朋友提了滿滿兩袋的童書相送，一袋給新科父母，一袋給我們。老友是美國國家科學院院士，曾擔任過全美閱讀評估諮議委員，也是一位慈愛的好爺爺，深信閱讀對人生的重要。他很感性的說：「不要以為娃娃聽不懂故事，我的孫兒們一出生就聽我們唸故事書，長大後不僅愛讀書而且想像力豐富，尤其是文字表達能力特別強。」我完全同意，並欣然接受那兩袋最珍貴的禮物。

因為我們同樣都是愛讀書、也深得讀書之樂的人。

謹以此套「世紀人物 100」叢書送給所有愛讀書的孩子和家庭，以及我們的孫兒——石開文，他們都是世界上最幸福的孩子，因為從小有書為伴，與愛同行。

# 一扇能「撥雲見日」的窗口

**作者的話**

我絕對相信正在求學的你 ， 一定聽過這樣的論調：你一定要好好用功讀書，因為如果書讀不好，就不能上到好大學；上不到好大學，以後就不能找到好工作；沒有好工作，就賺不到很多錢；沒有很多錢，就過不上好日子，以後就慘囉。好像在面對未來的時候，只要有「錢」，就一切都「免驚」，彷彿金錢是解決一切疑難雜症的萬靈丹，所以社會上的人也往往以看得見、摸得著，能以數字衡量的財富，做為論斷一個人成功與否的標準，因此金錢成了追求的主要目的。

跟很多人一樣，我過去也多半是帶著這樣「有一系列長遠目的」的「有所求」，請佛祖和過往神明能給我庇祐，學生時期保祐我考試名列前茅，聯考過關斬將；畢業的時候，一定要保祐我找到錢多事少離家近的工作；做了事以後，則希望佛祖保祐我在昇遷的關鍵時刻一帆風順；年紀到了 ，又開始求佛祖讓我結識個有情有義的如意對象 ，然後家庭幸福美滿 ， 兒女聽話孝順；當然，買彩券小試身手的時候 ， 免不了還得求祂們保祐我財星高照……。

就這樣，我用自己

沒完沒了的希望，從小到大一直習慣性的「騷擾」那些坐在蓮花座上，慈眉善目的各個諸佛菩薩，卻從來沒有想過，我有何德何能，該讓諸佛菩薩對我「有求必應」？當然，更不曾思索，這許多的「求」，其實反應的是對不確定未來的一種心理上潛意識的恐慌，和不安全感。更弔詭的是，就算我果真「心想事成」，是不是就能夠從此高枕無憂，過上幸福快樂的生活？

就在我寫這一篇文章的時候，報紙上報導，有一個住在紐約的中國人，獨中樂透第一大獎，繳完稅以後的獎金是四千五百萬美金，相當於十多億新臺幣呢。當記者聯繫到他，得知他已經火速辭了工作，處理好房產，在電話裡急慌慌的表示：「沒有時間了，現在要開始逃命了！」為什麼這個照道理應該沒有了生活中一切疑難雜症的幸運兒，反而一夕之間，成了必須「逃命」才能苟活的喪家之犬？

「金錢」是不是人生最高，或者唯一的目的？如果不是，那麼你認為是什麼呢？

為什麼貧窮的人苦惱，可是富有的人也不見得快樂？考試不順的人固然煩惱，難道中了狀元的人就一定快樂嗎？學生有煩惱，大人呢？沒有頭路的人肯定煩惱，那麼事業有成的人就一定高枕無憂囉？結了婚有煩惱，沒有結婚的呢？有小孩的人煩惱，沒有小孩的人呢？在臺灣的人有煩惱，在太平

洋另外一邊的人呢？生活在落後地區的人有煩惱，那麼能享受一切現代化進步便利生活設施的人就快樂嗎？古時候的人有煩惱，現代人呢？……

中國人不是常常說「家家有本難念的經」嗎？我覺得把這句話換成「人人有本難念的經」，似乎也離事實不遠。

我們的煩惱，似乎不因為我們的年紀、性別、人種、職業、金錢、成就，或者社會地位的不同而有差異，我想這才是這麼多人在廟宇、教堂、神壇中出入的原因，因為大家總想找到一個能讓人遠離苦難煩惱的依靠。

那麼，你想不想知道造成這種跨越所有差異，卻共同存有苦惱的根源是什麼？我們有沒有可能從根本來消除人類共同的煩惱呢？

很難想像，早在兩千五百年前，在印度就有一個人，他從小就觀察到人類這種共同的現象，想找出解決苦惱的方法，而且他身體力行，用自己做實驗，以前所未有的智慧和毅力，為古往今來的所有人，在這個人生的大疑問上，找出了解答。這本書介紹的就是他的故事，希望看完了之後，也能夠讓你興起「有為者亦若是」的心情，效法他的精神用心生活，把握現在，用積極的態度來看待苦惱處處的人生，並且用有效的方法超越它，從而得到內心的平靜和喜樂。

PS. 我一向只是大和尚或者大寺廟中，不會被記得名字的一個小徒弟、小信徒和小角色，但是我還是要藉著這個機會，感謝聖嚴師父、果元法師、果俊法師、覺泉法師這些年來所給予我的指引和教導，沒有他們的耐煩和解惑，我這個愚笨的人，大概沒有機緣走上學佛修行的道路，更沒有可能寫下這樣一本書了。

## 寫書的人

### 李民安

　　輔大經濟系畢業，師大三研所碩士，曾任大學講師、雜誌社特約撰述。

　　她從小最擅長的事就是問「為什麼」，當學生的時候，她問老師「為什麼」，當老師的時候，她問學生「為什麼」。對不明白的事情，她絕對不假裝明白；對沒有道理的事情，她絕對不無條件接受。在無數個詢問和答案來往的過程中，她長成一個喜歡探索新世界，學習新事物和自認非常講道理的人。

　　閱讀、旅遊、繪畫、音樂和打坐是她的興趣，曾經在三民書局出版過童書《解剖大偵探——柯南・道爾 vs. 福爾摩斯》、《石頭不見了》、《銀毛與斑斑》、《灰姑娘鞋店》、《佛陀小檔案——釋迦牟尼的故事》等。現旅居美國，在中學擔任中文教師，並不定時在國內外報紙發表有關報導文學、幽默文學、親子關係和小說類的文章。

尋佛啟示

# 釋迦牟尼

世紀人物
100

# 釋迦牟尼

釋迦牟尼的生卒年，

缺乏完整的歷史紀錄，因此尚無定論，

最常見的是生於西元前464年和西元前566年這兩種說法。

雖然釋迦牟尼的生年眾說紛紜，

但大家對他在世八十年這件事則是有共識的。

# 1 心裡有賊

那天，旺才經過鎮上那家超級市場的時候，看見三個人圍著在讀一張貼在玻璃門上的告示，他還以為是這一期彩券的開獎號碼，但是算算日子，不對啊！

走近了，聽見有人笑著說：「這年頭什麼奇怪的事情都有，居然還有偷這個的。」

另一個人接著說：「一定是哪個想發財的傢伙，偷回去求明牌了。」

第三個人說：「笑死人了，這塊木頭連自己都保不了，還能保你得明牌嗎？」

旺才好奇的走過去，首先看到斗大的四個字：「尋佛啟事」，他的心裡「格登」了一下，趕緊往下讀：

## 尋 佛 啟 事

本寺日前遺失一尊釋迦牟尼佛像,是本寺開山方丈無思老和尚百年前從印度請來臺灣的佛像,高三十公分,為檀香木所刻,造形簡單,外未貼金箔,內無藏珍寶,但對本寺意義重大,敬請仁人君子,協助追回,本寺必有重謝。

阿彌陀佛

清涼寺　敬啟

「嘿,偷書的叫雅賊,偷佛像的不知道該叫什麼賊?」問話的是住在旺才隔壁的土豆,旺才摸摸鼻子還沒有接腔,站在最前面的矮個子回過頭來,原來是老古椎:「什麼賊?心賊!不是有心病,幹什麼要偷佛像?」然後看到剛來的旺才,就加了一句:「你說是不是,旺才?」這樣也就算打過招呼了。

旺才有一點做賊心虛的笑笑,返身就走,連自己為什麼來超級市場都忘了。回到家,倒了

杯水喝，心才算安定下來。

　　老伴這個月到女兒家幫她坐月子，他得自己張羅一日三餐，一杯涼水灌下肚，肚子裡的空城計就唱得更兇了，這才想起來，剛才到超級市場是要去買一包麵線回來煮了配豬腳吃的。

　　吃豬腳麵線是去霉氣招好運的老法子，旺才不為別的，只希望脫去「窮」這個從年輕起就跟著他的霉氣，招來「財」這個好運道。「沒有麵線，只好用豬腳將就了。」他想。

　　旺才到廚房，從燉在爐頭上的沙鍋裡，舀出一碗煮得香噴噴、燉得爛熟的豬腳，先關好房門，拉上窗簾，才小心翼翼的從衣櫥裡捧出個小包裹，在供桌上跟祖先牌位和當年太歲並排放好，打開包袱來，露出一尊古樸的木雕，一股淡淡的檀香味，陣陣襲來。他恭敬的端著裝了豬腳

的碗，正要放上供桌的時候，有人在他身後冒出一句:「怎麼用豬腳供佛呢?」嚇得他的心臟差一點從嘴巴裡跳了出來，家裡除了他，應該沒人啊！

他回頭，看到一個年輕人，正坐在客廳的沙發裡，對著他笑。該怎麼形容這個人呢?

他看起來沒有什麼特別，可是整個人散發出一種祥和、令人想要親近的氣質，讓旺才馬上忘了害怕和驚訝，問了一個任何人在這種情況下都自然會問的問題:「你是誰?」

「咦，不是你把我請來的嗎?」

「我請你來的?」

「是啊，你忘了嗎？你很不夠意思喔，讓我在衣櫥裡悶了一整夜。」

旺才越聽越心驚，到後來張嘴結舌說不出一個字；他驚疑不

定的看看供桌上的木雕像，又用詢問的目光回視年輕人，年輕人笑著點點頭。旺才一屁股跌坐在地上，「天哪，莫非我真把個神給請到家裡來了？」他在心裡自言自語著。

年輕人聽了笑著說：「我不是你心裡頭想的那個神，我是昨天被你從清涼寺裡請回來的釋迦牟尼佛。」

旺才聽了這話，心裡第一個反應是：「糟糕，搞錯了，搞了半天他不是財神。」第二個念頭就是：「不知道這個釋迦牟尼佛跟財神比起來，哪一個的法力高強？」

這麼一想，他立刻忘了「害怕」這回事。

# 2 順手牽佛

老實說，平常只會求求平安香袋的旺才，根本搞不清楚佛啊神啊的有什麼不同；求「神」也好，拜「佛」也罷，對他來說，過去是祈求出入平安、子孝孫賢的寄託，現在則是夢想一夕致富的捷徑。

自從政府公開發行彩券，能夠堂而皇之的把「賭博」這件事搬上檯面之後，每到開獎日後，報紙上就免不了報導一些得獎人的消息，不是這個人單獨中了上億的頭獎，就是一些人合中了大獎，平均一個人分到好幾千萬的事。

「億」旺才是不敢指望啦，不過「千萬」是多少呢？嘖，嘖，嘖，他扳著手指頭數，那可是個位數後面有七個零的大數目

呢，以他在農會開了四十年車的薪水來算，那可是筆一輩子不吃不喝都賺不到的大錢哪！

話說三個星期以前，同樣在旺才農會做事的天賜，中了一個三十萬的小獎，他請同事到鎮上的餐廳吃飯。兩瓶啤酒下肚後，不經意的說到，他那天出門的時候，先在五福宮求了一個籤，他從籤文裡找出明牌，才簽到那組中獎號碼。

有道是「言者無心，聽者有意」，天賜的話給了旺才一個靈感，他想:「連五福宮那個小破廟，都這樣靈驗，我若是到最大的清涼寺去求，不中頭獎才怪。」當然，他這個想法是悄悄放在心裡的，他才不要和別人分享那可能是好幾千萬，甚至上億的鈔票呢。

所以昨天他去了清涼寺，原本只想虔心的拜拜，希望各路的

神佛菩薩對他卑微的要求「有求必應」就好了，結果昨天不知是什麼日子，好多人都在大殿裡拜拜。

「難道大家都是來求財的嗎？」旺才十分「推己及人」的懷疑起來。

這個念頭讓他心裡非常不踏實，他不禁想：「要是我是神，我會選哪一個人讓他『有求必應』呢？」按照旺才的「人性化」推理，答案當然是來得最勤，供品最多的那一個人，因為這種平時常常來燒香的人，在神的腦海裡才會最有印象啊，所以再怎麼輪，都輪不到他這個臨時才想到要來抱佛腳的。

那麼，有沒有什麼法子能夠反敗為勝呢？

他忽然靈機一動：「有啦！別人來這裡拜，我何不把神請回家去拜，這樣就沒有人能跟我爭

了。」

　　所以旺才趁人不注意的時候，把這尊放在大殿一側，不怎麼起眼，不太引人注意的佛像給順手「牽」回家了。

　　看著氣定神閒安坐在沙發裡微笑不語的年輕人，旺才激動得全身的熱血一股腦兒的衝上來，覺得清涼寺裡的神真靈驗啊。

　　他誠心誠意的就地跪好，對年輕人說：「我要是下一期中了頭獎，一定給您裝金身，再請戲班來唱一個星期的酬神戲。」此刻，他非常願意相信眼前這人真是神仙下凡。

　　「我再說一次，我不是你想請的財神。」

　　「喔。」旺才有一點失望。年輕人彷彿看透了旺才的心思說：「可是，我要給你的財富，將是你完全不能想像的。」

　　當他這樣說的時候，身體慢

慢慢變大，很快就幾乎要充滿整個金光的客廳，並緩緩放出越來越強的說話聲。旺才耳朵裡聽到年輕人的風聲，他害怕得用雙手摀住耳朵，同時也緊緊的閉上了眼睛。

# 3 回到悉達多太子的過去

不知過了多久，旺才覺得有人拍他的肩膀。他睜開眼睛，發現風早已停了，自己置身在一個陌生的地方，不遠處的高山頂上覆蓋著厚厚的白雪，碧藍的天空中飄著朵朵白雲，耳邊聽到潺潺的水流聲，鼻子裡聞著陣陣的花香；四周的街道，有著圓圓的屋頂、拱形的門，人們有著咖啡色的皮膚，男男女女的穿著都很華麗，大家都很興奮的在交談，不知在為什麼事情高興著。

「我們到了什麼地方？」旺才好奇的問：「今天是什麼特別的日子嗎？」

「這裡就是今天的印度、尼泊爾地區。你看，北方的雪山是喜馬拉雅山，南邊的河是羅波底河。而人們這麼高興，是因為今

天他們的王后剛生了一個王子，讓這個國家，在經過二十多年的等待之後，終於有了王位繼承人。」

年輕人像說故事一樣敘述著：「西元前兩三千年前，居住在中亞細亞的雅利安民族發起了一次向現在印度和波斯移民的運動；遷移到印度的雅利安人，控制了那時叫做『瞻部州』的印度，在這裡建立了十六個大大小小的國家，彼此爭戰，跟你們中國春秋戰國的情形很類似；其中，位於恆河北岸的『憍薩羅國』和南岸的『摩揭陀國』是最大的兩個。至於這裡，則是由釋迦族所統治的『迦毘羅衛國』，是北岸『憍薩羅國』的一個附屬小國。」

旺才發現，他跟年輕人雖然身處熱鬧的街道，可是四周的人對他們似乎都視而不見，聽而不

聞，彷彿他們全是隱形人似的。他好奇的東張西望，覺得像是在做夢一樣。眼前的一切，雖然新奇，卻又透著熟悉的感覺。

旺才問：「這裡由誰統治呢？」

年輕人回答：「釋迦族的首領『淨飯王』，是公推的領袖，他和我的母親，天臂城國王的女兒『摩耶夫人』，結婚二十多年都沒有小孩。一直到我母親四十多歲的時候，一天晚上，夢到一頭有六根長牙的白色大象，從她的右手臂下，一腳踏進肚子裡去，不久之後，就懷孕了。」

旺才聽了忍不住笑起來：「你如果是生在中國，你的媽媽大概就會夢到一條金龍飛到肚子裡面去了。」

年輕人沒有理會旺才的玩笑話，接著說：「第二年的農曆4月8日，在藍毗尼花園中的一棵無憂樹下，摩耶夫人幾乎沒有什麼

痛苦的產下了一個健康可愛的小男孩。那個小男孩就是我。」＊

「哇，你是尊貴的王子呢！」旺才覺得非常榮幸，他這輩子除了農會的會長、鎮長和縣長以外，還沒有跟更大的「官」說過話呢，不由得對身旁的年輕人肅然起敬的多看一眼。

年輕人的臉上有一種莊嚴高貴的氣質，清澈的眼睛裡流露出慈愛和悲憫的神情，旺才問:「那麼我該怎麼稱呼你呢?」他半開玩笑半認真的說:「我太太上個星期打了好幾通電話回來，跟我討論小外孫的名字，這是我家第一個孫輩的孩子，起個好名字可是件大事呢。」

放大鏡

＊北傳佛教根據《善見律毗婆娑》中的〈出律記〉，推斷佛陀的生卒年代是西元前565到486年間，南傳佛教則推斷是西元前624到544年，或者西元前623到543年，可以看到大家對佛陀在世八十年這件事是有共識的，但對實際上是生於哪一年則沒有定論（最常出現的是西元前464和西元前566這兩年）。

年輕人告訴他：「我的父親也非常慎重，他集合了很多學者，在王宮經過集會和討論後，選定『悉達多』為我的名字，意思是『立志做一切事，一切事都能成功』。我的姓是『瞿曇』*，有很長的一段時間，大家都叫我悉達多太子。」

旺才又說：「我太太還跟我女婿把小外孫的生辰八字拿去算了一個大富大貴的命，我猜你的父親一定也不例外，不過，已經是太子了，你的命再怎麼算，也不會差的。」

「我出生那天，皇宮來了一位傳說中能知未來的大修行人『阿私陀』，他鐵口直斷的說我長大以後，成就驚人，在家會是一個很偉大的國王，出家則會修成佛陀的正果，成為人天的導

＊瞿曇　原文為 "Gotama"，也有譯為「喬達摩」。

師。」

「那你的父親一定高興極了。」

「恰好相反，他憂愁得不得了。」

「為什麼呢？國王跟成佛不都很好嗎？」

「那是你一個平常人的想法，可是對一個國王來說，他才不在乎我是不是能成為『人天的導師』，他只擔心我萬一真的出家了，國家不是就沒有繼承人了嗎？所以他打定主意，要想盡辦法讓我成為偉大的國王，絕對不能讓我有任何出家的念頭。」

# 「好命」的太子

　　隨著悉達多太子的敘述，旺才看到身邊的場景快速的變動，就像在看電影一樣，只不過他不是坐在戲院裡，而是似真似幻的走在故事裡。

　　他看到日子飛快的過去，可是慶祝太子誕生的歡樂，只延續了六天，到了第七天，不幸的變故發生了，太子的母親忽然患病去世，淨飯王雖然如願得到太子，卻失去了心愛的妻子，令他悲痛萬分。

　　「你看，就算我的父親是國王，我是太子，我們同樣不免失去伴侶，失去母親，而且感受到的傷痛，跟一般人也沒有什麼兩樣。」

　　旺才沉默了。

　　又一眨眼，周圍的景色不知

什麼時候已經改變了，他來到一座華麗的宮殿，四周花木扶疏，亭臺樓閣美不勝收。忙碌的宮女僕人來往穿梭著，可是還是沒有人注意到他們兩個隱形人。

悉達多太子指給旺才看：「父親對我的照顧是無微不至的，他挑了三十二個宮女來照顧我。」

「三十二個！」旺才吐吐舌頭，有點不可置信。

悉達多太子進一步解釋：「八個專門負責抱我，八個替我洗澡，八個餵奶，還有八個陪我遊戲玩耍。我從七歲開始，就跟全國最有名的學者讀書，十二歲起，開始學習武術。他一心一意要把我教養成一個文武雙全的英明君主。」

旺才看到聰穎過人的太子，無論兵法或者武器，都是一學就會；在課堂上，跟鬍子花白的學者們侃侃而談。有一次在比武大

會上，被大家認為最具冠軍相的一個叫提婆達多的人，一箭射穿了三個鼓；等輪到太子的時候，他氣定神閒的一箭射穿了七個鼓。群眾歡呼喝彩，大家都相信他將來的成就一定能夠比淨飯王更大。

進入青年期的太子，儀表堂堂，可是旺才發現他其實是一個非常沉靜的人。他常常一個人安靜的在園中的水邊思索問題，也不去和其他王族的王子們嬉鬧。

旺才轉頭問身旁的年輕人：「你這個青少年怎麼跟別人不太一樣啊？我記得我的兒子女兒，在十幾歲半大不小的年紀，一天到晚只想出去跟朋友玩，你好像比較內向，不太愛玩。」

悉達多太子笑說：「我的父親也很擔心我這種『不愛玩』的個性，他深怕我在沉靜的思考中，不知道哪一天會起了要出家的念

頭，所以他集合了全國最有名的建築工程專家，建造了三座美輪美奐、感覺不到春去秋來變化的宮殿讓我居住，而且下了一道命令，不准任何人在我面前提到憂愁苦惱的事情；服侍我的男女，絕對是年輕、漂亮、精力旺盛的。後來，又替我選了漂亮的表妹『耶輸陀羅』公主為妻。一年後，她生下一個兒子，我很年輕就做了父親。」

旺才看著淨飯王處心積慮安排的這一切，實在有點目瞪口呆的感覺。他自認是一個平凡的父親，他怕孩子不學好、不上進、考不上好學校，以後找不到好工作；怕他電動玩具打得太兇，怕他在網路聊天室裡，跟不知是男是女的虛擬對象談情說愛，搞到無法自拔；更怕街頭巷尾防不勝防的色情招貼，過早污染了孩子純潔的心性。怎麼這個淨飯王的

做法，完全反其道而行呢？

　　旺才實在想不通：「是我太古板，還是你的爸爸太新潮？」二十一世紀的人古板？反而是兩千五百年前的人「新潮」？這說得過去嗎？旺才真的覺得自己有一點在胡言亂語了。不過，他還是想問：「他好像深怕你玩得不夠，無時無刻不希望你能再放縱一點。真是奇也怪哉！」

　　不過，旺才相信，淨飯王對自己的安排一定很滿意，因為看起來一切都在他的掌握之中，不乏醇酒音樂享樂，又有了嬌妻愛子，在親情、愛情的重重羈絆下，太子還會有拋棄一切去出家的念頭嗎？一般人固然是不會，可是旺才有一點懷疑，眼前的這個太子是一般人嗎？

# 5 有問題的父子倆

　　悉達多太子步到水池邊坐下，平靜的說：「我並不是麻木的人，小時候，跟父親到農村去，我不懂為什麼農人流著汗在田裡辛苦的工作，而我們卻逍遙的坐在有傘頂遮蓋的馬車中；田裡被犁翻起的土中，無數昆蟲被飛鳥爭先恐後的啄食，弱肉強食的現象多麼無情；再看看在烈日下被鞭打的耕牛多麼可憐；我很小就覺得，好像有一種最大的痛苦一直籠罩著人和所有的動物，那究竟是什麼？怎麼才能去除這個痛苦？當時我沒有答案，所以就時常坐在這裡思索。」

　　旺才望著眼前容貌英俊、神采煥發的年輕人嘆口氣：「我覺得你有點不知足喔，你年輕強壯，受人愛戴，父親慈愛，妻子美

麗，兒子健康，僕臣聽話，宮殿舒適，財寶無數，將來還有一個王位在那兒等著你，可是你居然還在這裡左一個痛苦，右一個痛苦的抱怨，實在很有問題喔。」

太子淡淡的笑說:「我不怪你會這樣想。從小就沒有了母親的童年，再加上國家又在四周強國環繞之下，隨時都可能被併吞滅亡的艱難處境，可能都使得我有一點敏感而早熟吧。可是你說的那些，都只不過是人生表面上一時的『樂』，而我體察到的，是人生真實面長存的『苦』。」

「這話是什麼意思呢?」旺才不明白。

「讓我問你，青春、情感、容貌、健康、財富、忠誠，請你告訴我，有哪一樣是恆久不變的?想在變動中追求不變的快樂，有可能嗎?」

悉達多太子的話真是一針見

血。的確，如果所有美好的事，都能恆常不變，那該有多好！

旺才不由得想起曾經年輕過的歲月，少年時分手的初戀情人阿嬌，想當初真的以為這輩子就是跟她結婚呢，怎料到當兵的時候殺出個程咬金，半路兵變了呢？再一想起這些年因為經濟不景氣而被套牢的股票，算算已經跌了一大半的退休金，就讓他心疼得要命；奇怪以前壯得跟牛一樣的身體，什麼時候開始，他的桌子上居然也排滿了瓶瓶罐罐的維他命和止痛藥了？還有上半年，人老心不老的老古椎，他那場鬧得滿城風雨的「外遇」事件，說出來都沒有人會相信，他跟太太當初還是鬧家庭革命才結的婚呢！還有，以前苗條漂亮的老婆，上個月很正經的跟他說，要去美容拉皮，外帶抽脂減肥，進行大規模塑身重整工程；這些

不都是因為「無常」嗎？

怎樣才能脫離生命中因為不斷變化所產生的苦？究竟有沒有達到一種恆常快樂境地的可能？生命從哪裡來？往何處去？這一生的目的何在？旺才忽然發現，這些實在都是身為一個人，不能不關心的大問題啊，自己以前怎麼沒有想過呢？可是他更奇怪的是，這個才十幾二十歲的人，怎麼就滿腦子都是這些大問題呢？

「對了，你知道我給兒子取什麼名字嗎？」年輕的悉達多太子想起什麼似的問。

「不知道，不過，我猜你也跟你的父親當年一樣，八成也找了一票學者專家，可能還有一些有特異功能的人來，像中國人算筆畫、算八字那樣，取一個最吉利，跟他五行最配，叫起來響亮，意義也好，能讓他大富大貴，平安一生的名字。」旺才想到

老婆前些天打電話回來，說起給外孫起名的「大工程」，就很「人同此心，心同此理」的這麼回答。

悉達多太子笑著說:「我給兒子起名『羅睺羅』，是『障礙』的意思。」

「什麼?」旺才有一點不相信自己的耳朵。

「因為我已經看到，他將是我出家的障礙，會成為我的父親企圖綁住我的另外一條無形的繩索。」

旺才覺得他只能用「有問題」來形容這一家的父子倆了。

# 6 走出家門的太子

忽然，宮殿四周的人開始忙碌的跑來跑去，旺才有些疑惑：「怎麼了？」

「今天是我要到宮外去的大日子，大家都在忙著準備。」

「你從來就沒有看過外面老百姓是怎麼生活的嗎？」旺才有點不敢置信。

「你忘了我的父親是怎麼用心良苦『保護』我的嗎？」太子反問。

心裡對人生懷著大問題的太子，有一天終於向父親提出到王宮外面去的要求。淨飯王馬上下令全城打掃街道，家家都要重新油漆裝飾，張燈結彩，還嚴令所有的老人、窮人、病人、盲人、乞丐，在太子出遊的那一天，都要躲起來，不能被太子看到，所

以當太子坐在華麗的馬車上，步出王宮的時候，走的是鋪滿鮮花的道路，看的是整潔、健壯的人潮，人人露著笑臉熱烈迎接他。

旺才發現自己坐在駕車人的身旁，從側面看去，旺才覺得這個駕車的，跟自己四十幾年前，年輕英俊的時候蠻像的。

太子忽然碰碰他的肩膀，指著遠處的街角，一個頭髮花白，步履蹣跚，手上還扶了一根木杖的人問道：「那是什麼人？」

他自然回答：「那是一個普通的老人啊。」心裡還在奇怪，這個太子怎麼連這麼簡單的事都不知道。

他不知道，這可是太子此生所看到的第一個老人呢。

太子好奇的問：「老人？他是生來就這樣的嗎？」

「當然不是。」旺才都快笑出來了：「每個人生下來的時候，都

是只會啼哭和喝奶的嬰兒啊，然後慢慢長大，最後才變老的。咦，你不是有一個兒子嗎？怎麼連這個都不知道？」

太子又問：「那麼世上的人只有他會老呢？還是我們每一個人都會如此？」

旺才回答說：「當然是每一個人都會變老啊。」

後來，他們又在城中看到了一個倒在路旁呻吟的病人，和一群送葬的隊伍。這些在旺才眼中平淡無奇的事，好像都讓太子覺得震驚。

對了，後來在回王宮的路上，他們還遇見了一位儀容莊嚴，舉止安詳的出家人，不用說，那也是太子見到的第一個出家人。在簡短的交談後，太子似乎心有所悟。

這一段在旺才眼中全像是快轉的影片，雖然快，卻清晰無

比。只不過，他還是個只有悉達多太子才能看到的隱形人。

旺才看到回到王宮以後的太子，變得更沉默了。

「你怎麼了？」旺才問。

「從出遊回來以後，我沒辦法控制自己不這樣想，你看，我的妻子現在雖然依舊美豔，兒子也一如往昔的可愛，可是在我的腦海裡，已經滿是他們日後老、病、死的影子。這些看來美好的事物，難道都是像鏡子裡的花、水中的月亮那樣不真實嗎？又有誰能夠告訴我：人生究竟是怎麼一回事？」

碰上這個大問題，旺才沒有答案，一下子楞在那裡。不遠處，那個王子叫她阿鈴娜的漂亮宮女，還是在唱著好聽的歌曲，可是旺才居然沒有什麼心情欣賞了。

「喂，你醒醒。」

　　旺才覺得有人在搖他，慢慢睜開眼睛。他剛才好像失神了一會兒，又彷彿睡著了。不知什麼時候，夜已經深了，天空有一輪明月。

　　他定定神，看到自己睡在一個豪華大宮殿的角落。這裡剛才好像舉行過盛大的宴會，因為他看到桌子上，還有一盅盅、一盤盤沒有吃完的美酒佳餚，到處都是不知是疲倦還是喝醉的人，男男女女躺了一地都是。

　　旺才有點迷糊：「這裡發生了什麼事？」

　　「今天是我二十九歲的生日，歌舞佳餚整天沒有停過。」過生日的悉達多太子，臉上沒有喜悅的表情，反而看起來非常疲憊，他甚至略帶嫌惡的指著離旺才不遠的地方：「你看看。」旺才看到有一群宮女橫七豎八的躺在地上。

「哎喲，怎麼睡成這副德行？」旺才覺得這些人的睡相真難看，這個人的手搭在那個人的肚子上，那個人的腿架在這個人的臉旁邊，有的人不客氣的打著呼，有的人流了一臉的口水，把臉上還沒有卸的妝搞得一塌糊塗。

旺才沒有辦法不注意到那個打呼打得最大聲的女孩，四仰八叉的躺在他身邊，居然就是那個有著美妙歌喉，白天看起來很漂亮的阿鈴娜。天哪，旺才真不敢相信自己的眼睛。

太子無限感慨的說：「你看他們，白天一個樣子，到了晚上又是一個樣子；他們白天的裝扮舉止是那樣美好，而現在……。」

「哎——」悉達多太子嘆了口氣，然後像下了決心似的說：「去，去，去，快去把我的白馬牽來，我不能再待在王宮裡，等

待生命消逝，我得把握每一個活著的時刻，去尋找造成人生痛苦的真相，和能徹底解決人生痛苦的方法。」他的聲音平和而堅定。

他們兩人一馬，就在悉達多太子二十九歲生日的夜晚，靜靜的離開了王宮，沒有驚醒任何一個人。

# 傳統和新潮
## 並行的修行之路

太陽升起的時候，太子來到國境邊界，他將身上綴滿珠寶的衣服，和頭上的皇冠拿下來，又拿出隨身攜帶的寶刀，把頭上的長髮割斷。他把這些東西一股腦兒的都交給旺才，堅定的說：「請回去告訴父王，我為了追求解脫人間苦惱的真理，決定捨棄一切出家修道，請父王千萬不要派人來追我。」然後頭也不回的步入前面的「苦行林」。

好像是電影的鏡頭一轉，不知什麼時候，這裡又只剩下旺才跟已經剃了頭髮的年輕人。

「從現在開始，世間沒有了悉達多太子，有的是『釋迦牟尼』，或『沙門瞿曇』。」他告訴旺才。

旺才聽了，馬上有了疑問：

「這兩個名字是什麼意思呢？」

「『釋迦』指的是『釋迦族』，而『牟尼』則是聖人的意思，所以『釋迦牟尼』這四個字，意思就是『釋迦族的聖人』。而『沙門』指的是出家人。」

「你現在要去哪兒呢？」旺才不緊不慢的跟著。

「我要開始修行了。」

好像是快轉的影片，旺才看到才一眨眼，釋迦牟尼原本豐腴的臉龐，在眼前快速變得修長消瘦，眼窪深深陷了下去。

旺才大驚：「老天爺，你怎麼了，生病了嗎？」

釋迦牟尼虛弱的笑笑：「過去六年間，我找過不同的老師，也嘗試了各種各樣方法，可是依然沒有辦法斷除煩惱啊。」哇，難道已經過了六年了嗎？旺才真覺得像是在做夢一樣。

　　釋迦牟尼告訴旺才，在當時的印度，「禪定瑜珈」和「苦行」是兩種最普遍的修行方法，前者傳統，而後者則是相對前衛。釋迦牟尼都曾一一去學習、嘗試。

　　釋迦牟尼先跟隨當時最有名的兩位禪定老師，學習禪定的方法，他很快就能達到跟老師一樣的禪修境界。

　　可是，釋迦牟尼發現，雖然在禪修時，能獲得一時的平靜，但其他時候，還是會有生氣、快樂、興奮、貪戀種種情緒，似乎沒有辦法靠著禪修，從根本斷除這些煩惱。

　　前後總共六年的時間，他一一訪問了九十六種修行方法的老師跟學者，但都不能解決他的困惑，所以又回過頭來，在雪山嘗試「苦行」，一晃眼，六年過去了。

「苦行是什麼？為什麼要苦行？」旺才不明白。

釋迦牟尼告訴旺才：「修苦行的人認為，人之所以有精神上的種種煩惱，完全都是由肉體上的痛苦帶來的。比方說，你的身體有『痛』、『餓』、『渴』等等不舒服的感覺，精神上自然會產生『煩』、『不耐』、『焦慮』等等這些煩惱。所以，如果能不斷增強肉體接受痛苦的能力，等到有朝一日，你的身體不再有『痛』、『餓』、『渴』這些感受的時候，精神上自然也就不起煩惱，理論上你不就能夠自由了嗎？」

釋迦牟尼指給旺才看，在這尼連禪河旁的苦行林中，這些修苦行的人，有的選擇一生不說話，有的一天或者一個星期只吃一次，一次又吃得很少很少，有的躺在滿是荊棘的地方，或成天

倒吊在樹上，也有的用火燒自己的身體，或者用單腳站立，什麼奇怪的方式都有。他們一個個滿頭長鬚長髮，污垢不堪，很多人都瘦得像皮包骨一樣，旺才實在很難想像這也是一種修行的方式。

「我也在這裡廢寢忘食的用各種方式來折磨自己的身體，可是困擾我的煩惱依然存在。我不明白，為什麼古老的禪定和激烈的苦行，都沒有辦法平息人心中的苦惱，我究竟該怎麼做，才能夠接近真理的道路呢？」釋迦牟尼說完後愁苦的閉起了眼睛。

忽然，他們聽見遠處傳來一陣歌聲：「琴弦太鬆不成調，太緊則聲音不悅耳，不鬆不緊才能使琴聲優美。」

「對極了！」釋迦牟尼雙目睜開，炯炯有神的說：「人的身心也跟琴弦一樣，要以不鬆不緊、離

開極端的態度修行，才有可能接近安靜平穩的境界啊。」

旺才看見他站起來，走下尼連禪河，讓清淨的河水，沖洗去身上的污垢。

可是，釋迦牟尼的身體實在是太虛弱了，很快就不支倒在河邊。

這個情形，被一位在河邊放牧的女子看到，她捧了一罐乳汁來給釋迦牟尼喝；他喝完又休息了一會兒，體力才漸漸恢復。

釋迦牟尼渡過尼連禪河，走到伽耶山旁的一座小山上，來到一棵枝葉繁茂的菩提樹下，那裡好像還留著過去修行人的痕跡。附近有一個正在割乾草的童子，看到釋迦牟尼預備要在樹下修行，便抱了一堆乾淨的牧草，滿懷恭敬的給他鋪了一個草座。

釋迦牟尼莊嚴的坐上被後世稱為「金剛座」的座位，面朝東

方，一心正念：「我如果不能了解造成生命痛苦的真相是什麼，不能找出解脫生死的方法，誓不起此座。」

他開始默默用功思索斷除煩惱、解決生死的大問題。

# 8 與魔王大戰

　　在釋迦牟尼發願的同時，旺才忽然感到一陣地動山搖，天地突然變得一片漆黑，一個邪惡的聲音在半空中響雷般的炸開。

　　「我是魔王波旬，哼，過去不知道有多少修行人，也曾經跟你一樣，嘗試要擺脫我所布下的貪念、瞋恨和愚癡*的控制，可惜都沒有成功，我就不相信你有辦法對抗我的魔力。」

　　旺才在這個伸手不見五指的時刻，聽著魔王的威脅聲，雖然知道魔王看不見自己，可是他還是嚇得全身發抖。他試著往菩提樹的方向望去，只見不知從哪裡來的一束光，隱約照出一個在樹下端坐的模糊影子。

　　＊「貪」、「瞋」、「癡」，在佛教中稱為「三毒」。

　　忽然，旺才的眼前出現了一座華麗無比的宮殿，裡面有數不清的財寶、珍珠、瑪瑙、金磚，堆得像山一樣高，他看得眼睛都快凸出來了，心想只要隨便拿一點，這輩子就不愁吃穿了。就在他的手快伸出去的時候，聽到釋迦牟尼沉穩安詳的聲音：「這有什麼好令人羨慕的？你再看看吧。」

　　剎那間，那些寶物全變成了毒蛇、蠍子，美麗的宮殿也成了一座廢墟。

　　「哈，哈，就算你不愛金銀財寶，可是英雄難過美人關，我倒要看看你這個沙門有什麼能耐。」面貌猙獰的魔王召來他美豔的女兒們，帶著一票魔子魔孫，來到菩提樹下。

　　旺才看到這些比電視上世界小姐還要漂亮的美女，不由得吞了一大口口水。她們的打扮妖豔非凡，體態窈窕，歌聲動人，舞

姿曼妙，旺才看了一會兒，就衝動得想要隨之起舞。他有一種感覺，就是如果能一親這些美女的芳澤，要他做什麼，他都願意。

突然，旺才聽到好像是蚊子一樣的聲音傳入他的耳朵：「別傻了，你再看仔細一點。」眼前的美女，就像是電影特殊效果一樣，開始變化。她們臉上的皺紋，由少而多，由淺而深，她們烏黑的秀髮，由濃密而稀疏，色澤由黑而灰而白，她們的眼睛失去了光澤，皮膚添上了黑斑，身型逐漸成了老態龍鍾的婦人，有的削瘦，有的癡肥，最後全成了一具具披著華美衣服的白骨。

「啊！」她們看到自己這副怪模樣，都忍不住失聲尖叫，只是原本像銀鈴一般動聽的聲音，現在已然變得像破鑼一樣沙啞。旺才的頭腦一下子清醒過來，原來，再怎麼漂亮的男女，到最後

都是一樣，所以外表的「美」，其實沒有什麼值得炫耀，更不值得捨了命去追求啊。

「可惡！」魔王一計不成又生一計，他隨後用雷霆閃電、風雪冰雹、毒蛇猛獸來威逼釋迦牟尼，又命令魔軍向他發箭射擊。可是在一心不動的釋迦牟尼面前，它們都失去了力量，一支支箭，到了他身邊，都變成花朵墜下。魔王又驚又怕，最後，只能知難而退。

旺才身邊的景物不停的變化，他彷彿親身經歷了悉達多從出生到成佛的這一段時光。

這時正是黎明之前的一刻，東方的天空出現了一顆明星，釋迦牟尼從金剛座上起身，對著廣闊的天空感嘆的說道:「奇怪啊，所有眾生的心地，其實都和佛一樣光明，只是因為被種種煩惱和迷惑遮蓋住了，所以不能顯露出

來。」

　　旺才呆呆的看著眼前這個好像很熟悉，相貌卻更莊嚴，全身上下籠罩在一圈溫暖慈光中的年輕人，不由自主的跪在他腳前，喃喃的低吟：「佛陀啊。」兩行說不出是什麼滋味的淚水，從雙眼滑落。

# 「心」的難題

忽然，有人在旺才的肩上拍了一下：「我們走吧。」旺才抬頭一看，天不知什麼時候已經亮了，年輕人正笑瞇瞇的看著他。

旺才有一點不知身在何時何處的茫然：「什麼時候了？我們要到哪裡去？」

「今天是農曆12月8日＊，我們現在到鹿野苑去，我有五個弟子在那裡。」

「五個弟子？」

「我離開王宮以後，父親派了五個勇士來保護我的安全，當然，他們也負責來勸說我打消出家的念頭，不過，他們反而在聽了我追求解決人生苦惱的心意之

＊農曆12月8日這一天為「佛陀成道日」，是被後世佛教徒隆重慶祝的大日子。

54

後，跟我出了家。」

「那，他們人呢？」

「他們跟隨我在苦行林中度過了六年時光，但是那一天，當我在尼連禪河邊，因為身體太虛弱昏倒時，他們看到我喝了那個牧羊女子的羊奶，誤會我失去了修道的意志，跟一般人一樣，還是不免被女色吸引誘惑，就失望的離開了。」

「這些人真不夠意思，他們怎麼還好意思怪你不該接受牧羊女的幫助，如果是我，我會很慚愧，在你昏倒的時候，自己居然不在旁邊，我感謝那個牧羊女還來不及呢！」旺才有點忿忿不平，而年輕人只是笑笑，沒有再說什麼。

兩人一邊走著，旺才忽然想到一件事：「對了，真的有魔王嗎？那個猙獰可怕的傢伙到底是誰？」

　　年輕人笑說：「這個問題你自己就能回答。」

　　「怎麼說？」旺才不解。

　　「你究竟是不是自己的主人？」年輕人反問。

　　「怎麼會不是呢？」

　　「是嗎？有沒有什麼東西能讓你『不由自主』的高興、生氣或憤怒？又是什麼讓你難以割捨，或無法承受呢？」

　　這麼一想，旺才就「不由自主」的愣住了。

　　旺才記得很清楚，上中學的時候，有一次，不愛讀書的他，考試以前，僥倖看到幾個冷僻的題目，居然「一不小心」考贏班上素有「小博士」之稱的「林大頭」，那分得意，到現在想起來還有點飄飄然呢。

　　還有，老婆常常埋怨，說他以前追她的時候，多麼殷勤周到，哪像現在神經這麼大條，連

她過生日都還要一而再，再而三的暗示、明示，他都還故意忘記。怎麼對待同一個人，他以前跟現在的表現會差這麼多？

再想想，偶爾貪到小便宜的暗喜，被同事打小報告的不爽，老闆要他用公家車送小孩上下學的不情願，前一陣子得知天賜中了彩券的那分嫉妒，還有順手牽佛的貪念，這些情緒反應，都是他自己的意思？都能被自己掌握嗎？自己真的是自己心的主人嗎？他高興或者生氣，都是因為他自己決定要這樣的嗎？

還記得，以前兒子跟女兒還小，因為他們不聽話，學校成績不好，不好好做功課，年紀輕輕就交男朋友女朋友，升學考試考得不理想，他生的氣還少了嗎？這些都是他自己吃飽了撐著要生的氣嗎？當然不，還是像他說的：「不是我愛生氣，還不都是他

們惹我生氣。」換句話說，他的情緒其實是由他孩子的表現來決定的，他們才是他的主人啊。

看著年輕人，從他理解的笑容中，旺才有一種奇特的感覺：「他『看到』我的想法了。」

年輕人笑笑：「你知道了吧，我們的心裡，長時間以來，一直都被種種妄想和欲念盤踞著，有的讓你念念不忘，有的令你無法承受；不論是抓不住，摸不著的名聲、權勢，還是揮不去的聲色享受，或是讓人沉溺的親情、友情、愛情，它們主宰著你的喜怒哀樂，讓你『不由自主』的高興、生氣、憤怒，不能真正做自己『心』的主人，這就是住在每一個人心裡的那個大魔王啊。」

「那麼，你又是怎麼對付那個心魔的呢？」

「我體察到，自己以及一切眾生，在生死中所有的苦，都是

由於想去追求快樂，追求不成，便產生怨恨和煩惱，求到手了，又不免想要得更多所造成。所以，如果能切斷最根本的貪念、瞋恨和愚癡，就能切斷『苦』的根源，從而得到解脫。」

旺才若有所悟：「這就是你剛才從樹下站起來說的那句話的意思嗎？」

「是的，佛陀的心跟你的心並沒有不同，只是你的心被貪念、瞋恨和愚癡所產生的煩惱遮蓋住了，所以智慧顯現不出來。」

「聽起來很簡單嘛。」旺才疑惑：「你沒有保留什麼祕密吧？」

「我沒有祕密。」

這個算算才只有三十來歲的年輕人，比旺才小得多，可是旺才卻覺得，在他面前自己才像小孩子一樣。

旺才望著年輕人清澈的眼睛，有一點不知道自己身在何處

的感覺，其實他已經忘了是怎麼開始這一段奇妙旅行的，但是，像隱形人一樣跟在這個以前的悉達多太子，後來的沙門瞿曇，現在的佛陀身邊，經過了一段又一段如真似幻的旅程，旺才覺得好像有一部分的自己，正在慢慢的醒過來。

# 10 佛陀說的法

　　從菩提樹下站起身來的釋迦牟尼，比誰都明白，自己所悟到的「緣起法」十分深奧，非但是前所未有的道理，而且也不是一般貪戀愛欲享樂的世人所能了解的，那麼，自己好不容易悟得的解脫道理，究竟該到哪裡去說給誰聽？

　　這真是最重要也最艱困的第一步啊。

　　他首先想到自己學禪坐時的兩位老師，「對了，以老師的修為，一定能夠了解我所悟得的真理。」可是打聽之下，發現他們都已經過世了；隨後便想起曾經跟他一起在苦行林中，度過六年光陰的「五比丘＊」：憍陳如、阿

＊男的出家人叫做「比丘」。

捨婆誓、摩訶跋提、十力迦葉，和摩男俱利。當初淨飯王派他們來勸他回家，可是這五個人後來反而跟隨他出了家，照顧了他很長一段時間的生活起居，最後又因為誤會他而離去。於是，他就朝他們五人停留的鹿野苑而去。

老實說，那天憍陳如他們五個人，遠遠看到佛陀來的時候，是不想搭理他的，因為在他們心裡，還留著他不敵牧羊女美色誘惑的印象。可是當他們看到佛陀圓滿莊嚴的相貌時，還是不由自主的站起來迎接他，幫他鋪座、倒水、洗腳。可是，當佛陀要向他們解說他所悟到的超越生死的無上教法時，他們卻連著三次都拒絕了。

「他們為什麼不想聽你說呢？」旺才搞不懂。

「旺才啊，世間的眾生分成三種，第一種既頑固又愚笨，沒

有辦法聽聞我的教法，就好像深深沉在蓮花池底的花苞，永遠沒有辦法到達水面，也永遠不會開花。第二種人，自己可以找到真理，不需要我的教誨，就像那些盛開在水面的蓮花。還有最多的第三種人，他們還在尋找真理，像是已經離水面很近的花苞，只要一點點幫忙，就能夠伸出水面，找到真理，得到綻放的機會。他們五位比丘，正是最後這一種人，也正是我該說法的對象啊。」

「可是，看樣子他們並不領情呢，其實他們不想聽就算了吧，沒什麼了不起的。」旺才有一點氣憤。

「不，我怎麼能一被拒絕就放棄了呢？」

於是他鍥而不捨的跟他們討論他所悟到的「四聖諦」和「八正道」，這也是佛教的根本教

法。

　　從佛陀的話中，旺才了解到，所謂「四聖諦」指的是：「苦、集、滅、道」。簡單的說，「苦」和「集」是解釋人間的現象跟道理，「滅」和「道」是如何出離世間的方法。

　　「苦」是人生苦惱不安的現象，像是與生俱來「生」、「老」、「病」、「死」的苦惱，和總是不得不跟親愛的人分別（「愛別離」），不是冤家不聚頭（「怨憎會」），想要的都要不到（「求不得」），還有因為構成人的身體、感受、思想、行為、意識這五個要素所帶來的種種苦惱（「五陰熾盛」），這些統稱為人生的「八苦」。

　　「集」是說明人生的苦惱，都是經由我們身體不好的行為、不恰當的語言，和不良的心智活動，一點一點召集來的。

　　而「滅」，則是當我們知道生死是苦，也知道了苦的來源跟聚集的途徑，下一步就是要把苦惱滅除，了脫生死輪迴，常住安樂寂靜的境界，這才是人最理想的歸宿。

　　至於「道」，就是明白教導世人用正確的見解、思考，加上正當的語言、行為、職業和努力，配合正確的觀念和禪定，一步步離苦得樂。這些正見、正思維、正語、正業、正命、正精進、正念、正定，統稱為「八正道」。

　　經過夜以繼日一次又一次的辯論，五比丘中憍陳如第一個開悟。其他四人也陸續開悟，他們皈依在佛陀座下，成了佛陀第一批弟子，也是佛教中最早的僧團組織。

　　佛陀欣慰的站起身來對旺才說：「我這一次說法，在後世的佛

教史上稱為『初轉法輪』。從此『佛陀』，佛陀所說的『佛法』，和依照佛法修行，傳揚佛法的『僧團』正式完備，此後，佛陀的教化，就能透過佛、法、僧廣布天下，這也就是佛教中的『三寶』。」

# 11 最受歡迎的老師

「啊！」旺才揉揉眼睛，怎麼才一眨眼的功夫，原本小貓兩三隻的鹿野苑，變得幾乎人滿為患了？「怎麼會這樣？」

身邊的佛陀說:「自從我在鹿野苑第一次對五比丘說法，佛教三寶俱足之後，『鹿野苑住了一位大徹大悟的佛陀』的消息就不脛而走，有越來越多來自四面八方，各種身分背景的人，慕名到這裡來跟隨我出家修行，人數增加得很快，現在差不多有一千多人了。」

旺才看著四周井井有條的環境，和對佛陀恭敬的出家人，覺得這裡就跟學校沒什麼兩樣，而佛陀就是這裡最有學問的老師。這情景很親切也很熟悉，忽然他想到了:「你跟我們中國的孔老夫

子很像，他也有一群學生像這樣跟著他學習。」

「我跟孔子相像的還不只這個呢。」佛陀說：「孔子早我八十年在中國出生，他主張『有教無類』的平民教育，而我也是第一個在階級懸殊的印度社會中，主張『四姓平等』的人。」

「什麼是『四姓平等』？」

「『四姓』指的是我們印度社會中『婆羅門』、『剎帝利』、『吠舍』和『首陀羅』這四種特殊的階級。」

佛陀告訴旺才，那個時代的印度，是一個階級分明的社會，大部分的人信仰「婆羅門教」，他們相信所有的人都是「宇宙之神」生出來的，而由於出生部位不同，便形成社會上四種身分懸殊的階級。

從宇宙之神口中生出來的是「婆羅門」，最尊貴，是地上的

神；從手臂下出生的是「剎帝利」，是掌握政治實權的王族或武士；從膝蓋生出來的是「吠舍」，他們是從事農工商的一般民眾，受王族的支配和保護；最後，從宇宙之神腳底板出生的是「首陀羅」，是最低賤的奴隸，過著非常悲慘的生活。

旺才恍然大悟：「難怪以前看書，說你是從母親右手臂下生出來的，我就一直對這個說法很懷疑，這怎麼可能呢？不過現在聽你一分析，我想我可以猜到你的家族是屬於什麼階級的了。」

「孔子有教無類的主張跟做法，在你們中國當時只有貴族才能受教育的社會中，引起了教育革命，而我對求法者『來者不拒』的平等態度，也在一池靜水般的印度社會，投下一塊巨石，引起了前所未有的震撼。讓我給你看看我的弟子有哪幾種人吧。」

　　聽了佛陀的介紹後，旺才覺得在佛陀的僧團中，還真的是「品流複雜」呢：佛陀的弟子中有貴如國王的「頻婆娑羅王」，大富翁「富樓那」、「須菩提」，有婆羅門的大學者「舍利弗」和「目犍連」，剎帝利各王族的太子們，也有像首陀羅階級的理髮師「優波離」、挑糞的「尼提」，更有用今天的話來說是「從事特種營業」的「蓮華色」、「摩登伽女」，不一而足。

　　旺才笑說：「我們孔子有七十二個有名的學生，你呢？」

　　佛陀說：「我也有一般人稱的『十大弟子』。他們分別是：智慧第一『舍利弗』、神通＊第一『目犍連』、頭陀＊第一『摩訶迦葉』、多聞＊第一『阿難陀』＊、解空＊第一『須菩提』、說法＊第一『富樓那』、議論＊第一『迦旃延』、天眼＊第一『阿那律』、持

戒＊第一「優波離」，和密行＊第一的「羅睺羅」。」

旺才開玩笑說：「孔子還有一個不成材，白天睡大覺，被他罵『朽木不可雕也』的學生宰予，你也有資質這麼差的弟子嗎？」

佛陀也笑著回答：「你看看他

**放大鏡**

＊神通　是因為修行禪定而得到的，那是一種沒有障礙，自由自在，超越人類一般行為能力的力量，比方說能「看到」不在眼前的人跟發生的事，能知道旁人心中所思所想的事情等等。

＊頭陀　是粗衣粗食過苦行生活的修行人。

＊多聞　在這裡是指記憶力特別好的意思。

＊阿難陀　原文為 "Ananda"，跟後文的「阿難」(Anan) 尊者指的是同一個人。

＊解空　「解」是「了解」或者「體會」的意思；「空」指的是因緣和合而生的一切事物，仔細推究起來，並沒有這樣的東西，也是「假」和「不實」的意思。

＊說法　指的是解說經典義理的能力。

＊議論　指的是與他人辯論經典義理的能力。

＊天眼　有兩種，一種是從福報來，像是天人；另外一種是因苦修得來，屬神通的一種，阿那律的神通是這一種。

＊持戒　「戒」有防非止惡的意思，它的作用就像是防止東西壞掉的防腐劑，學佛的人遵守戒律，消極的方面是止惡，積極的意義是在行善。

＊密行　是指非常細心謹慎的護持大大小小的戒行戒律。

怎麼樣？」

　　旺才看到不遠處有一位拿著掃帚的比丘，一邊掃地，口裡一邊喃喃唸著:「拂塵除垢」，翻來覆去唸的就是這四個字。

　　佛陀說:「他的名字叫做周利槃陀，因為記憶力不好，什麼都記不住而常常被別人譏笑，來到僧團之後，教他讀經更是一項不可能的任務，唸了下一句，上一句馬上就忘了，連短一點的『偈子』*也記不住，最後，我就教他掃地，讓他在掃地的時候唸這『拂塵除垢』四個字。」

　　「這也算是修行的方法？」旺才覺得非常不可思議。

　　「當然，你不要小看了這四個字，周利槃陀天天唸，終於記得了這四個字，而且更進一步懂

放大鏡

＊偈子　就是「頌」，是一種跟「詩歌」很像的有韻文詞，通常四句為一偈。

　　得了『塵』和『垢』都是沒有用的東西，所以要掃掉，他掃地掃到一心不亂的境地，有一天悟到：種種貪念——瞋恨、驕傲、愚昧——也是心裡的『塵』和『垢』，也必須把它們全部掃掉，清除乾淨，才能得到永久的快樂，然後他的心豁然開朗，再也沒有人敢譏笑他，他成了一個非常受人尊敬的比丘。」

　　「哇！」旺才回頭看看這位嘴裡唸唸有詞、神情專注的比丘，心裡更敬佩佛陀了，覺得他真是把「因材施教」發揮得淋漓盡致，堪稱孔子第二了。不不不，你看，他居然有本事把像周利槃陀這種別人眼中的「朽木」，雕出個像模像樣的上品人物來，旺才覺得他的本事實在比有「至聖先師」之稱的孔子還屬害呢。

# 12 用黃金鋪出來的寺院

「我們現在要上哪兒去呢?」旺才問。

「我要去踐約。」

「怎麼說呢?」旺才不懂。

「你還記得我之前跟你提過的頻婆娑羅王嗎?他是恆河南岸大國『摩揭陀國』的國王,我剛出家的時候,曾經過摩揭陀國的首都『王舍城』,那時我們兩人曾經有過一次很愉快的交談,他很敬佩我出家的大願,在送別時請求我在得道之後,一定要再來度化他。」佛陀於是遵守誓言,帶領了一千多個弟子,浩浩蕩蕩的來到王舍城。

頻婆娑羅王聽了佛法之後,非常歡喜,和很多大臣都皈依了佛陀。為了讓佛陀可以常住在他的國家中,好時時請教,他便在

王舍城的迦蘭陀竹林中，建了一座有五百樓閣，七十二所講堂，十六個大院，每一院中有六十個房間，總共可以容納一千多人清修的寺院，佛陀親自命名為「竹林精舍」。

隔著恆河，與王舍城相對的北岸，是另外一個大國「憍薩羅國」的首都「舍衛城」，這兩個城市，是印度當時南北兩大政治和文化中心。

有一天，佛陀到王舍城中的大富長者「首羅」家中說法，並接受招待，首羅的好朋友須達長者正好從舍衛城來作客，他聽了佛陀的教法之後，非常感動，在羨慕王舍城的人好福氣之餘，希望也能夠邀請佛陀到舍衛城說法，去度化恆河北邊的人民，他於是發願，也要在舍衛城蓋一座很大的寺院來迎接佛陀和佛法的到來。

　　須達長者這個人不但有錢，難得的是他非常有愛心，常常幫助那些孤苦無依的貧窮百姓，所以大家又稱他為「給孤獨長者」。回國之後，他就開始找合適的地方，可是舍衛城雖大，卻沒有能容納一千兩百多人的園林，找來找去，只有祇陀太子的園林，山明水秀，空地又大，最為合適，他就立刻去拜訪太子。

　　他不知道這是祇陀太子最心愛的地方，但是因為須達長者也是社會中有地位、有名望的賢達，太子雖不願意出讓，可是覺得拒絕的方式也得委婉一點，不能讓這位社會賢達太沒有面子。於是他就給須達長者出了一個難題：除非須達長者能用金磚把園林中的空地鋪滿，他才肯賣。

　　沒想到須達長者非但沒有被這個「天價」嚇退，反而興沖沖的回家打開庫房，用大象把黃金

運到太子的園林，鋪滿了每一寸空地。這下子祇陀太子也傻眼了，不過他也真的被須達長者的誠意感動，同意出讓園林。

「不過，」祇陀太子說:「這些樹你可沒有辦法鋪上金磚，所以，地算是你的，這些樹就由我來供養佛陀吧。」

佛陀後來知道了這件事，就把這座園林命名為「祇樹給孤獨園」，又稱為「祇園精舍」。

旺才看著一地金光閃閃的金磚，驚訝得嘴都合不攏了，他心想:「這裡有這麼多金磚，我也不貪心，只要一塊就好。」他慢慢伸出顫抖的手，才剛摸到身前最近的那一塊，忽然，那塊黃金變成了一條五彩斑斕的蛇！

旺才吃了一驚，嚇得把手收回來。

忽然他聽見佛陀說:「阿難，你看到了嗎？那兒有毒蛇。」

旺才定定神再看一眼，這裡已不是祇陀太子鋪滿黃金的園林，不過在草叢中的，分明是亮閃閃的黃金，哪來的毒蛇？「剛才一定是自己眼花了。」難道這一會兒，連佛陀也眼花了嗎？

不料佛陀的弟子，那個叫阿難的，看著黃金回答：「是的，佛陀，我看到了，那是毒蛇。」然後他們就頭也不回的繼續往前走。

不遠處，剛好有一對父子在田裡耕種，聽到有毒蛇，就走過來看看，一看之下哪裡有毒蛇？分明是一堆黃金嘛，他們就歡歡喜喜的把黃金捧回家去了。

有道是「馬無野草不肥，人無橫財不富」，這一對做農的父子，原來過著貧苦的生活，靠著撿來的黃金，搖身一變就成了首屈一指的大富翁，再也不去耕田，告別了「臉朝黃土，背朝天」的種田生涯，每天就在家裡

過著茶來伸手，飯來張口的舒服日子。

這樣的轉變當然啟人疑竇，住在他們隔壁的一個鄰居，奇怪他們怎麼一夕之間，生活起了這麼大的變化，對他們嫉妒得不得了，而且在嫉妒之餘，就開始像專門挖八卦消息的狗仔隊一樣，到處去調查打聽這一家的橫財是從哪裡得來的。這個消息並不難打聽，很快他就從一個小孩子的嘴裡得知了真相。

「呵，呵，你要倒大楣啦。」這個小心眼、看不得別人過得比自己好的鄰居，就一狀告上去了。

原來在那個時候，印度的法律明文規定，老百姓不能私藏黃金，尤其這對父子在路上撿來的這堆黃金，還是被人從國庫裡偷走的，這一下子，還沒有過夠富翁日子的父子倆，就成了最大的

嫌疑犯，給抓了起來，還被判了刑罰關進了監牢。

他們兩個人愁眉苦臉的坐在牢房裡，想起這一場有如春夢的富貴，做父親的不禁喃喃自語，重複著當初聽到的對話：「阿難，你看到了嗎？那兒有毒蛇。」

做兒子的也似有領悟的回答：「是的，佛陀，我看到了，那是毒蛇。」

旺才有一點不服氣，覺得這對父子只是一個倒楣的個案，有錢還有不好的？雖然「錢不是萬能」，可是老婆不是一再告訴他，如果「沒有錢就萬萬不能」嗎？而且現在時代不同了，錢財黃金也不是只有國家才能擁有，就拿令他無限羨慕——現在他承認也有幾分嫉妒——的老朋友天賜來說吧，他中了獎，發了橫財，不也好好兒的，沒有什麼大災小難啊。

　　旺才跟著佛陀和追隨的弟子們一起走，他現在像是一個純粹的旁觀者，只不過置身在情境之中罷了，他睜大眼睛看，伸長耳朵聽，不想漏掉任何一件小事。

　　「佛陀，我們今天要到哪裡去？」弟子問。

　　佛陀回答：「今天我們要到音悅長者家去。」

　　「就是那個最近大家都在談論的音悅長者嗎？」

　　「是的。」

　　有一個隨行弟子並不知道音悅長者的事，就問另外一個人：「為什麼大家都在談論他呢？」

　　「你沒有聽說嗎？音悅長者富有極了，可是他一直因為沒有兒子能繼承他的家產而苦惱，不過前一陣子，有一天卻同時有四件好事降臨在他家。」

　　「哪四件好事？」

　　「他的太太給他生了一個兒

子，他家所飼養的五百匹馬也同時生下小馬，國王也在那一天剛好派遣使者授給他一枚金印。」

「更奇妙的是，」另外一個弟子在一旁興奮的接下去：「就在那一天，他四、五百艘出海打撈寶藏的船，同時滿載寶物歸來，不是太奇妙了嗎？」

「所以今天，他特地在家中辦了美食，要跟大家一起慶祝。」弟子們你一言，我一語的。

到了音悅長者家，佛陀向他祝福，歌誦了吉祥八音。在臨走前，佛陀告訴他：「長者啊，你要趁著這個大好時機，培植更多的福德，要知道你眼前的財富並不是你一個人的。」

音悅長者不十分理解佛陀的意思：「還有誰跟我一起擁有呢？」

佛陀說：「財富是身外之物，而且是五家共有的，一是大火，二是大水，三是貪官污吏的巧取

豪奪，四是不肖子孫的揮霍，五是盜賊的搶奪。希望你能好好運用你的財富來增長福報。」說法之後，佛陀就帶著弟子離開了。

旺才覺得佛陀怎麼去給人家祝福，卻說出這樣聽起來不很吉利的話，什麼「財富是五家共有」，究竟是什麼意思？

「你聽說了嗎？」

「什麼事大驚小怪？一點威儀都沒有，小心等一下又要被罵了。」

兩個小沙彌持著缽在路上走著。

「記得一年前我們去的音悅長者家嗎？」

一年前了嗎？旺才覺得好像才是一分鐘前的事啊。

「記得啊，他家好漂亮，記得那天的東西也好好吃喔。他那天還供養了佛陀上好的白毛毯。」

「對，你知道他這一年發生

了什麼事嗎？他唯一的兒子病死了，他家的大房子跟房子裡面的珠寶，還有那些駿馬，都被一把火燒得乾乾淨淨，國王不知道為什麼把賜給他的金印又追了回去，連他停靠在碼頭旁邊，裝滿了珍寶的船，也都被一場大水沖沒了。」

「怎麼這麼倒霉啊！」

「你看，那就是他以前的房子。」

旺才又一次張嘴結舌的說不出話來，眼前被燒成灰燼的一大片廢墟，真的就是感覺裡幾分鐘前，那金碧輝煌的豪宅嗎？他忽然風馬牛不相干的想到天賜那好賭的兒子。

# 13 佛陀也教減肥

今天祇園精舍的氣氛好像不太一樣！

旺才豎起耳朵，聽到佛陀的弟子在說，今天有「貴客」要來，這個貴客不是別人，正是祇陀太子的父親。

原來，祇陀太子居然把他心愛的林園賣給了須達長者，這個舉動令他的父親，憍薩羅國的國王波斯匿王十分意外，因為波斯匿王知道自己的兒子是如何寶愛這個林園。充滿好奇的波斯匿王，決定要親自到祇園精舍去會一會這位已經「久仰大名」的佛陀。

而當國王的人，很少能夠不流露出因為權力而帶來的傲慢態度，因此，兩人一見面，波斯匿王就很不客氣的問道:「你真的是

證得『正等正覺』*的佛陀嗎？我知道有很多修行人，在深山叢林中住到老死，都還不能夠覺悟，為什麼你這麼年輕就能證得正等正覺？」

有一個年輕的弟子低聲的笑出來，跟旁邊的人交頭接耳：「我聽說波斯匿王跟佛陀同年，你不覺得他說話的口吻，有一點不服氣嗎？」

是啊，這個名氣「如雷貫耳」的佛陀，居然是一個這麼年輕的出家人，旺才相信波斯匿王的心裡，一定有一點不能接受。

旺才想起中國人的一句俗話：「嘴上無毛，辦事不牢」，不禁笑出聲來，好在也沒有人聽見。不過，一般人都認為經驗跟智慧是需要時間累積的，也沒有

＊正等正覺　本來是梵語「三藐三菩提」，就是真正平等，沒有遺漏，完全的覺悟。

錯啊。

佛陀倒沒有生氣：「大王，你知道嗎？在這個世界上有四樣事情是不能小看輕視的。」

「哪四樣呢？」波斯匿王好奇的問。

「第一個是王子不可以小看，因為他將是一國之君；第二個是小龍不能小看，因為牠長大以後可以翻雲覆雨；第三個是小小的火苗不能輕視，因為星星之火可以燎原；第四個是比丘雖小，可是只要他心地清淨，修行堅定，抱著救度眾生的大願，則不分老幼，都能證得無上正等正覺。」

從當國王以來，從來沒有人敢對他直言，他的內心好像被什麼東西重重的捶了一下，佛陀語重心長的勸告波斯匿王，要愛民如子，要濟弱扶貧，要做一個為人民謀幸福的國王，而不要做那

種逼迫老百姓為他一人效勞的國王。很難得的是,這些很「逆耳」的話波斯匿王居然聽進去了,心悅誠服的皈依在佛陀座下。

跟佛陀不同的是,波斯匿王是一個大胖子,所以一動就流汗,而且行動不方便,他非常的苦惱。這一天他來祇園精舍看望佛陀,忍不住向佛陀抱怨:「我真不知道前世做了什麼,才長得如此肥胖,連我自己有的時候都會覺得不好意思呢!」

旺才覺得當國王的,吃的是山珍海味,行住坐臥都有人服侍得好好的,身材「有分量」是一定的啊,而且「君子不重則不威」,這有什麼不好意思的?

佛陀笑著說:「有五種原因造成人的肥胖。」

「哦,是哪五種?」

「一是吃得太多,二是貪

睡，三是太愛享受，四是太閒了
不操心，五是不工作。你如果想
要減肥就應該要節制飲食，少吃
油膩的東西，同時多運動，努力
工作，自然就能恢復健康。」

佛陀還特別為波斯匿王說了
一首偈語：

人當自繫念，
（你應該要常常提醒自己）
每食知節量，
（每次進食時要知道節制）
是則諸受薄，
（這樣就不會一直胖下去）
安消而保壽。
（身體自然能輕安而長壽）

波斯匿王很開心的交代侍
者：「來啊，以後在我吃飯以前，
你們先在旁邊把這首偈語唱誦一
遍，好提醒我。」

旺才覺得佩服極了，佛陀連

說起「減肥瘦身」這麼時髦的話題，都能跟得上時代，兩千多年前的話，跟今天報紙上減肥專家說的沒有什麼不同，真是太屬害了。他決定回家以後，一定要把佛陀的話告訴成天盯著磅秤、買減肥食品、計畫參加「魔鬼瘦身營」的老婆，他心想:「我說的妳不相信，佛陀說的妳總不能不信吧！」

# 14 「心」和「金」孰重？

　　在祇園精舍的外面，旺才看到有一個衣衫襤褸的女人在徘徊，他聽見她低聲的嘆息：「像我這樣連一頓飯都得向人乞討的人，哪來的東西供養佛陀呢？」是啊，看著絡繹不絕的人來到這座用黃金鋪地才能蓋起來的祇園精舍，每個人都帶了名貴的衣服和物品，去供養佛陀跟他的僧團，旺才設身處地的想一想，如果自己是她，大概也會這樣感嘆。

　　他也同時想到自己的妹妹，因為她常常花很多錢去寺廟的法會上「發心」做「功德主」，妹婿一直對老婆的這種「嗜好」不以為然，有一陣子小倆口還鬧得很不愉快呢；現在看到爭先恐後來供養佛陀的人潮，他不禁想到妹婿曾經說過的：「難道佛教是專

96

屬於有錢人的嗎？我如果一貧如洗沒有能力『發心』怎麼辦？佛還保祐不保祐我呢？」旺才也覺得佛陀不應該跟一般人一樣「嫌貧愛富」啊！

「妳來啦？妳在自言自語些什麼？」一位老婆婆跟她打招呼。

「大娘您好啊，我很喜歡聽佛陀開示佛法，剛才我還在想，佛法說『欲知前世因，今生受者是；欲知來世果，今生做者是』，您看我這一生如此窮困，那麼一定是因為前世太小氣，不肯布施種下的因，我知道如果想下一輩子能脫離貧困，現在就必須要布施，可是，您看看，我連下一頓有沒有得吃都不知道，又哪來的能力布施呢？」

大娘嘆口氣，溫柔的拍拍她的肩，也沒說什麼。

不知道幾天過去了，這一天，旺才看到這名貧窮的女子又

來了，她看起來非常高興，逢人就說，有人施捨給她一件舊衣服，她用那件衣服換了一文錢，又用這文錢換來一盞油燈，今天她終於能供養佛陀一盞光明燈了。旺才看到別人都在背後譏笑她：「這麼微薄的供養居然還這麼洋洋得意。」

在燃燈的時候，旺才聽見她虔誠的發願：「願這盞燈的光明，能除去我多生以來的愚昧，消滅過去的罪障，獲得大智慧。」不知道為什麼，旺才覺得她的發願好感人啊！因為對有財力的人來說，供養一盞光明燈的花費，實在不算什麼，可是對這個貧窮的女人來說，那可是她傾其所有的能力啊。

第二天天亮前，佛陀的弟子目犍連尊者去巡視燈供，發現國王跟大臣們的燈，都只剩下微弱的燈光，只有一盞燈明亮異常。

天亮以後，目犍連想用扇子把燈熄滅，可是不管他怎麼用力搧，都沒有辦法把這盞油燈搧滅，而其他的燈火早就已經熄了，他趕忙去報告佛陀。

佛陀說:「這盞燈火，你就是用四海龍王的水來澆，用暴風來吹，都不能將它熄滅，因為它的主人是發了虔誠的菩提心來布施的，你要知道，一個人在布施的時候，如果存著沽名釣譽，或輕視傲慢的心，就算他布施的是如何名貴的東西，能得到的功德也是非常微薄有限的。」

「咦，這是什麼怪味道，臭哼哼的?」旺才忍不住捂起鼻子，他看到佛陀弟子們的手中在傳一團布樣的東西，這個東西就像是個燙手的山芋一樣，沒有人願意在手中多拿一秒鐘。

「呵，可真臭啊，該怎麼辦呢?阿難尊者，還是請你請示佛

陀該怎麼處理吧。」有一個弟子說。

「這是什麼?」阿難問。

「這是一對夫婦剛才拿來要布施給僧團的。」

阿難把手中讓大家掩鼻而過的一團布抖開來一看,原來是一條破破爛爛的褲子。

有一個弟子說,這是今天一大早收到的「供養」,他說到「供養」兩個字的時候,臉上一副似笑非笑的表情。阿難對他輕浮的態度很不滿意,要他把事情的原委說清楚,這個弟子才把他聽到的說了出來。

原來有一對住在窰洞裡的貧窮夫婦,他們非常窮,窮到兩個人只有一條褲子穿的地步,所以當先生穿褲子出去的時候,做太太的只能待在家裡,同樣的,當太太穿上褲子外出時,先生也只好足不出「洞」。這天,他們聽

到佛陀帶著弟子到附近來托缽化緣，兩個人商量了半天，先生說：「我們今天落到這麼窮的地步，都是因為過去世中不懂得布施，不是說有施才有得嗎？今天好不容易佛陀到我們這個地方來化緣，我們絕對不能錯過這個大好機會。」

可是太太看著家徒四壁的破窯洞，嘆口氣說：「可是，我們能拿什麼去布施呢？我們幾乎是一無所有啊。」

兩個人想來想去，最後一咬牙，決定把唯一的一條破褲子拿去布施。

現在阿難拿在手中的，就是這條他們歡喜布施的褲子。

阿難拎著這條又髒又臭的破褲子來到佛陀面前，為難的說：「這條褲子實在不能穿，還是丟掉吧。」

佛陀搖搖頭說：「窮人的布施

比富人的布施更難能可貴，這條褲子就讓我來穿吧。」

聽了佛陀的話，阿難覺得很慚愧，因為自己還是跟一般人一樣，以事物的外表來衡量它的價值，不過這麼髒的褲子一定得先洗乾淨了，才能給佛陀穿哪。於是，他連忙恭敬的跟目犍連尊者，捧著褲子一起到河邊清洗。

不料，當褲子一碰到河水的時候，整條河忽然變得波濤洶湧，河水一下子漲得好高。

目犍連尊者一急，便說：「讓我運用神通，把『須彌山』*搬來鎮壓。」有「神通第一」之稱的目犍連，馬上運起神通搬來了須彌山；可是就連須彌山都壓不住翻騰的河水，兩個人只好匆匆忙忙

**放大鏡**

*在佛教的宇宙地理觀中，描述一切眾生所居住的國土世界，在大地之上有九座山，八重海，互相間隔圍繞，這九座山又以「須彌山」為中心，是其中最高最大的一座山。

的來稟告佛陀。

正在吃飯的佛陀，聽完了他們的描述後，說：「那是因為龍王讚嘆像這對夫婦這麼窮的人，都能傾其所有的來布施，他讚嘆這對窮夫婦的願心，所以河水翻騰不已。」

說完，他小心的拈起一粒米飯對他們說：「把這粒米飯拿去，就可以鎮住河水了。」

阿難和目犍連你看我，我看你，非常不可置信的問道：「那麼大的須彌山都鎮不住，這麼小的一粒米又怎麼可能鎮壓得住呢？」

佛陀笑著說：「你們去試試看再說吧。」

阿難和目犍連回到河邊，半信半疑的把那粒米飯丟進河裡，竟然馬上就風平浪靜了。他們兩人驚訝得說不出話來，難道一座須彌山的力量還敵不上一粒米嗎？他們趕忙回來請教佛陀。

　　佛陀說：「你們不要小看了這一粒米，它從最初播種開始，經過農人辛勤的灌溉、施肥，最後收割、販賣，累積了無量無邊的力量跟辛苦才成就了這一粒米；正如那條被你們嫌棄的破褲子，是那對夫婦唯一的家當，他們能傾其所有的布施，這一分心願的力量跟功德也是無量無邊的。龍王能懂得這一粒米跟這一條破褲子的功德，都是出於虔誠一念，都是一樣大的，所以趕快退讓。」

　　旺才這才知道，只要虔誠一念，那麼小小的一粒米、這一條破褲子的力量、甚至一文錢燃起來的油燈，都可以跟千千萬萬座須彌山相比，回家以後，一定要跟妹妹把這個道理說清楚，布施時虔誠的心念，比所能布施的錢財數目更要緊啊。

# 15 佛陀回國

旺才聽到有弟子在交談，一個人問：「這次又是誰來了？」

另一個回答：「不知道，不過，不管是誰來了，佛陀大概又會多一位弟子，我們也大概又要多一位師兄啦。」聽得旺才一頭霧水。

從大家片段的談話中，旺才慢慢理出了頭緒：

佛陀帶著弟子在舍衛城的祇園精舍說法，那裡離他的祖國「迦毘羅衛國」不遠，而這個「釋迦族聖人」的事跡，也一點一滴的傳回了迦毘羅衛國，國中的人都覺得與有榮焉，都在想：以前的悉達多太子，現在的佛陀，不知道什麼時候會回來看一看家人和百姓？

旺才可以想像，佛陀的父親

淨飯王跟大家一樣很思念他的孩子，可是自從太子二十九歲生日那一天離開王宮以來，他不知道派出多少能說善道的人去對太子「曉以大義」，希望太子能打消出家的念頭，回來盡一個國家繼承人的義務，可是這些說客不但沒有把太子勸回來，反而一個個都跟他出家去了。淨飯王知道佛陀雖然是他的兒子，但是他有自己的思想，從來就不是一個「聽話」的人，他要回來的時候，自然會回來，否則三催四請也是沒有用的。

旺才聽人們說，這一次來的這個人叫做優陀夷，他原來是淨飯王很寵信的大臣，知道淨飯王的心事，他自告奮勇要來請佛陀回國，而且聽說他還向淨飯王打了包票，一定不會像以前憍陳如等五大臣那樣跟佛陀去出家。

可是事情的發展常常不在人

們的意料之中。當優陀夷見到已一別經年的佛陀，發現他身上的衣服雖然沒有過去華麗，可是整個人流露出一種慈悲、莊嚴的氣質，他的相貌也已經完全改變，具備所有書上曾經記載的圓滿面相，讓他不由自主的向佛陀行了印度最恭敬的禮節；而且在他親自看到佛陀弟子的僧團生活是那麼有條不紊，彼此相處和善而平等，大家都精進的努力修行，不由得心裡非常羨慕，覺得能跟隨佛陀出家，實在是一件很幸福的事，所以他忘記了對淨飯王的諾言，還是做了出家的決定。

佛陀讓優陀夷回去告訴淨飯王，七天以後他將帶著弟子們回迦毘羅衛國。可以想像當淨飯王看到剃了頭、穿了袈裟的優陀夷，一定會取笑他：「看來，你也跟別人一樣靠不住。」

七天後，當年穿著綾羅綢緞

出走的太子回國了，現在的他身披一襲袈裟，帶著一群舉止安詳的弟子，踏著莊嚴的步子，先在迦毘羅衛城中不分貴賤的托缽乞食，最後才回到王宮。

淨飯王雖然已經接受兒子出家，不會再回來繼承王位的事實，也親眼看到昔日的王子，今日的佛陀，親耳聽到佛陀說的佛法，可是他還是有一般為人父者的虛榮心。

他看到佛陀帶回來的弟子，他們長時間修行，每天托缽乞食，過著餐風露宿的生活，因此從外表上看，一個個衣衫破爛，顯得疲憊不堪。他心想:「佛陀是出身剎帝利的王子，再怎麼樣，也應該由剎帝利高貴的童子來服侍他，才能顯出他的尊貴。」因此他決定號召五百名剎帝利王族的後代，跟隨佛陀出家。

佛陀在他的故國中，把握每

一次機會，把他所領悟實證的佛法——苦、空、無常、無我的道理說給眾人聽，這是他能送給大家最好的禮物。他帶來的佛法感動了很多人，所以當淨飯王號召王子出家時，一點都沒有遭到困難。

在這一波王子出家的熱潮中，有一個很特別的人，給跟在佛陀身邊的旺才留下了很深刻的印象，這個人不是王子，而是一個奴隸。

優波離家是王室專屬的理髮師，那天他的父親生病了，所以由優波離代替父親去給佛陀理髮。他恭謹的一刀刀剃著，耳朵旁聽見母親跟佛陀的問答。

「佛陀啊，您覺得優波離剃得還好嗎？」

「很好，就是身體彎得稍微低了一點。」

優波離馬上將身體挺直些。

又過了一會兒，他的母親又問：「佛陀啊，您覺得優波離現在剃得好些了嗎？」

「很好，就是身體太過僵硬了。」

優波離聽了，馬上把身體放鬆。

過了一會兒，「佛陀啊，優波離現在剃得怎麼樣？」

「很好，就是吸氣的時候太粗重了。」

優波離馬上調整呼吸，將吸氣調細，漸漸不可察覺，忽然他覺得四周一片寧靜，靜得能聽到風在樹梢吹過，靜得能聽見一根針掉在地上的聲音。

他又聽見母親問：「佛陀啊，優波離現在呼吸的情形如何？」

「吸氣很好，可是呼氣的時候還是太粗重了。」

優波離才調好呼氣，忽然，他忘了剃頭，忘了身在何處，進

入一種前所未有的平安祥和中，旺才看到他拿著剃刀的手，一動也不動，呆立在佛陀身後，兩個眼睛眨都不眨，不知道在看哪裡。還是佛陀叫人拿走他手裡的剃刀，扶他坐下，跟眾人說他當時進入「四禪」的境界了。

優波離跟旺才一樣，並不確知「四禪」是什麼，只聽人說是要經過長久的修行，一步步從初禪、二禪、三禪，然後才能達到四禪的境界。

「佛陀啊，我多想也跟您出家修行，可是我不是剎帝利的貴族，也不是身分尊貴的王子，我只是一個身分卑微的剃頭匠啊。」跪在地上的優波離憂傷的說。沒有想到佛陀一口答應了，所以優波離反而在剎帝利的五百位貴族王子皈依之前，先成了佛陀的弟子。

旺才看到淨飯王率領了五百

位剎帝利的王子貴族，來頂禮佛陀，佛陀要他們一一頂禮其他先他們出家的比丘，他們在優波離的面前先是猶豫，最後終於屈身下跪，虔誠頂禮的那一刻，旺才在一旁激動得不得了，他越來越了解佛陀一直說「佛性平等」是什麼意思，「平等」的觀念，不要說在當時階級分明的印度社會，是多麼驚人的創見，就算是到了21世紀的今天，又有多少人，能夠心口如一的接受，並且身體奉行「眾生平等」的概念呢？

# 16 佛陀的「障礙」

佛陀在迦毗羅衛國除了接納理髮匠優波離，以及五百位王子出家外，還收了一個很特別的弟子，就是佛陀出家前，身為太子時所生的兒子羅睺羅。

其實淨飯王在佛陀回國的時候，很早就交代人，把羅睺羅帶到宮外去，他並不希望他們父子相認，因為淨飯王已經知道佛陀有很強的攝受力*，能讓人在見到他之後，對學習佛法出家修行產生興趣，他可不希望孫子步上兒子出家的後塵。可是羅睺羅在宮外覺得很無聊，就偷偷溜回來，卻發現母親耶輸陀羅在房間裡倚著窗子哭泣。

耶輸陀羅雖然明白淨飯王的

放大鏡 ＊攝受力　就是佛以慈悲心去感化眾生的力量。

117

顧慮，可是，在見到兒子的這一刻，她忽然有了一個新的想法，她想賭一下：「為什麼不讓他們見上一面呢？說不定親情的力量可以打動他，讓他回家。」

於是耶輸陀羅就告訴羅睺羅有關他父親的事，羅睺羅聽了真是興奮極了！當他終於見到佛陀的時候，被他慈愛的言語和目光吸引，覺得前所未有的安詳跟快樂，不由自主的就跟著佛陀，一路走回佛陀停留的尼拘陀林中，也和其他的人一起跟佛陀出家了，但是由於他的年紀還很小，還不能受成為正式出家人的「俱足戒」，而僧團中也還沒有兒童出家的先例，所以佛陀就先制訂了沙彌十戒，讓羅睺羅先做小沙彌，成了僧團中最年幼的出家人。

羅睺羅剛出家的時候，十分調皮，而且大家也因為他是佛陀

的兒子，而對他非常的容忍。他跟所有的小孩子一樣，喜歡惡作劇，有人來找佛陀的時候，他有時明明知道佛陀在哪裡，可是還是喜歡胡亂戲弄大家，佛陀在南邊的時候，他說在北邊，佛陀在東邊的時候，他故意說在西邊，等看到別人被他指使得團團轉時，非但沒有做錯事的感覺，反而覺得很好玩。於是有人終於忍不住去佛陀那裡告狀了。

　　這一天佛陀來到羅睺羅住的地方，吩咐羅睺羅端水來洗腳。洗完腳後，佛陀指著水對羅睺羅說：「這盆裡的水可以喝嗎？」

　　「不行，洗腳的水很髒，不能喝的。」

　　「你就跟這盆水一樣，原本你出家做沙門，遠離世間虛假的榮華富貴，心是很清淨的，可是你喜歡說謊，不努力修行，這就好像清淨的水裡有了污垢一樣。」

羅睺羅聽了不敢辯駁。佛陀叫他把水倒掉；等他倒水回來，佛陀指著剛才裝水洗腳的盆子問：「你可以拿這個盆子來吃飯嗎？」

「不行，洗腳的盆子是不乾淨的，不能裝東西吃。」

「你就像是這個洗腳盆，雖然出了家，可是不精進學習，所以佛法的糧食，沒有辦法裝進你這個不乾淨的盆子裡。」

然後佛陀伸出腳踢了盆子一下，盆子就滴溜溜的轉了起來。佛陀又問：「你怕這個盆子被我摔壞嗎？」

「不，這不是很珍貴的器具，就算摔壞了也不要緊。」羅睺羅小心翼翼的回答。

「羅睺羅，你不愛惜這個洗腳盆，就像大家不愛惜你一樣。你雖然出家做了沙門，可是喜歡說謊話戲弄別人，這種行為的結

果，不能成為一個受人尊敬的出家人，所以大家不覺得需要愛護你、珍惜你。」

　　羅睺羅聽了佛陀的話，出了一身冷汗，從此再也不敢調皮，隨便說謊話了，非但如此，他後來嚴守戒律，非常認真修行，被大家公認是佛陀弟子中「密行第一」的人。

# 17 怎麼捨得？

　　在佛陀回到迦毗羅衛國宣揚佛法之後，迦毗羅衛國掀起了一陣出家的熱潮，許多跟隨在淨飯王左右的人，和釋迦族中佛陀的堂弟們，都動了出家的念頭。

　　而佛陀最想收的弟子，是他叔叔白飯王的兒子，他的堂弟難陀，可是難陀那個時候剛剛結婚，他的太太孫陀利姬是迦毗羅衛國十六城之中，大家公認最漂亮的一個美女，他怎麼捨得去出家呢？

　　有一天佛陀到難陀家托缽，難陀親自出來為佛陀盛飯，可是等他盛好的時候，佛陀已經走遠了；難陀就捧著缽在後面追，不知不覺追到了佛陀在尼拘陀林中的精舍。佛陀看到難陀來了，就對他說:「難陀，為了你永久的幸

福著想，你跟我出家好不好？」

難陀以為佛陀在跟他開玩笑，就隨口答應說：「好啊。」沒想到佛陀馬上叫他的大弟子舍利弗來給他剃頭髮。難陀嚇了一大跳，可是看著莊嚴的佛陀，他又不敢反悔，就這麼很不情願的成了出家人。

佛陀知道難陀心裡還在想著他漂亮的老婆，並沒有真正要修行的心。有一天，他跟難陀在路上看見一隻母猴，就問他：「難陀啊，你的妻子跟這隻母猴相比，哪一個漂亮？」

難陀聽了笑起來：「佛陀，您別開玩笑了，這隻母猴怎麼能跟我天仙一般的妻子相提並論？」

「不過，你沒有見過天上的仙女，這樣吧，我帶你到天上去看一看怎麼樣？」

難陀聽了非常興奮，於是，佛陀就運用神通，把難陀帶到天

上，見到好多仙女。

佛陀這個時候再問：「難陀啊，你的妻子跟這些仙女相比，哪一個更漂亮一點？」

難陀毫不猶豫的說：「您別開玩笑了，我的妻子跟她們相比，就跟那隻母猴一樣。可是為什麼這裡都是仙女，沒有看到一個男子呢？」

「你去問問她們啊。」

難陀一問之下，仙女們說：「我們這裡的天帝位子還空著在等一個人，那個叫難陀的人現在正在佛陀那裡修行，他因為出家的功德，死了以後就會到這裡來，我們都是他未來寵愛的妃子。」

難陀一聽大樂，跟佛陀回來以後，態度有了一百八十度的轉變，變得非常用功，因為一心想要升天去享樂。

又有一天，佛陀帶難陀去遊

地獄，難陀看到刀山劍林，鐵叉銅柱，拔舌剝皮，到處都有人在受刑，看得他膽顫心驚；忽然他發現唯獨有一個大油鍋還空著，鍋子裡的油已經燒滾了，可是看守油鍋的小鬼居然在旁邊打瞌睡。他覺得很奇怪，就把小鬼叫醒了問他在等什麼人嗎？

小鬼說:「我在等一個叫難陀的人，他現在正跟隨佛陀出家，死了以後，因為出家修行的功德，他會先升到天上享福，等天福享盡之後，因為他生前所做的錯事，就會來這裡受苦，到那個時候我就有得忙啦。」

難陀聽了嚇出一身冷汗，上天的幸福憧憬，一下子就被地獄的殘酷景象所粉碎，他這下子才算體會到人生的無常，才真正安下心刻苦修行，希望能離開生死輪迴這種無窮盡的苦，從此再也不會貪圖天上或人間的享樂了。

127

# 18 女人啊女人

　　不但迦毘羅衛國中的男子跟隨佛陀出家，就連女人也開始有出家的念頭，可是那個時代只有「出嫁」的女人，還從來沒有「出家」的女人。

　　還記得佛陀出生以後七天，他的親生母親就去世了，他是由他母親最小的妹妹，也就是他的姨母「大愛道」撫養長大的。淨飯王過世之後，她也帶了五百個釋迦族的女子，請求佛陀允許她們出家。

　　佛陀一口就回絕了：「過去諸佛都不允許女人出家，妳能奉行我的教法，就是在家修行也是一樣的，因為佛法是不分在家與出家的。」

　　「如果眾生是平等的，你為什麼重男輕女不讓女人出家呢？」

旺才這個旁觀者大概做了太久，有點不甘寂寞，跳出來打抱不平。

佛陀說：「自從我得道以來，已經做了很多顛覆社會的事情，像是打破印度長久以來的階級制度，讓最下等的奴隸跟隨我修行，向整個社會證明，就算是奴隸，只要依照正法修行，一樣可以開悟證果。可是再怎麼講，印度都還沒有讓女人出家的條件，就拿沿街托缽化緣這件我們每天都必須做的事來說吧，你可以想像，女性的出家人恐怕就會遭到比男性比丘更大的困擾和不便。」

可是大愛道並沒有因為被佛陀拒絕就放棄了這個念頭，等佛陀開始周遊各地，弘法度眾以後，旺才看到她還是帶領著五百個釋迦族的女子苦苦跟隨佛陀，為了表達決心，她們自己把頭髮給剃了，並換上修行的服裝，最

後，還是靠阿難尊者請佛陀念在大愛道撫養他的恩情上，才接受了她們出家的請求，於是，僧團中才開始有了比丘尼＊。

「我並不是輕視女人，而是身為女人，天生就註定有三種缺陷，小的時候受父母管束，不能像男孩子那樣自由，出嫁以後依賴丈夫，沒有自己的自由，等到老了，如果兒子媳婦不孝順，那日子就更不好過了。」佛陀進一步的解釋，讓旺才想到中國人對女人傳統的「三從」＊要求。

「除此之外，」佛陀又說：「像是父母或者社會有重男輕女的觀念，認為女兒長大了反正要嫁給別人，不是自家人，所以對女兒的教養不像兒子那樣盡心，至於婚嫁這個終身大事，女人自己也

＊比丘尼　就是指女性的出家人。
＊三從　就是指在家從父，出嫁從夫，夫死從子。

沒有決定權，而婚後又多半得仰賴丈夫，因此不免花費許多時間跟精神來化妝打扮，深怕失去丈夫的疼愛，再加上懷孕時的不便，生產時的危險，這些都是女人天生不利修行的障礙。」

旺才聽了佛陀的解釋，覺得儘管這些身為女人的障礙今天多少還存在，不過從程度上來看，現在的女人比以前的女人要幸福太多也是個不爭的事實，他也才比較能夠了解，佛陀允許大愛道出家，在兩千五百年前是多麼「驚世駭俗」的一件事了。

不過佛陀告訴旺才，在他那個時代，除了大愛道之外，還有幾個身世坎坷，遭遇獨特，最後成就非常傑出的比丘尼的故事，十分值得一提。

有一次，佛陀停留在舍衛國祇樹給孤獨園的時候，他的侍者阿難，出外化緣時，遇見一個正

在水池邊挑水的女子「摩登伽女」，阿難因為口渴，便請她布施一缽水。不料摩登伽女卻因此對儀表莊嚴、風度翩翩的阿難一見鍾情，回家以後對他念念不忘，一心想要嫁給阿難。

她的母親愛女心切，就運用魔咒來迷惑阿難，還好在緊要的關頭，被佛陀破了她的法術。佛陀為了度化摩登伽女，就對她表示，若要嫁給阿難，就必須先在僧團中修行，等到能在佛法的成就上跟阿難差不多，兩個人結婚才會幸福。摩登伽女聽了也覺得很有道理，為了要嫁給心上人，她就歡歡喜喜的剃度出家，開始很用功的修行，過非常清淨的佛化生活。

旺才說：「我覺得你這樣做，好像有一點拐騙摩登伽女的味道喔。」

佛陀笑著說：「中國的孔子講

究因材施教，我度化眾生也是因他們不同的需求來決定方法，我知道當她對佛法的修行到了一定程度之後，她自然會做最智慧的選擇，而現在，重要的是讓她踏出第一步。」

果然，隨著對佛法的認識跟體會的增加，有一天摩登伽女終於大徹大悟，放下情欲上對阿難的執著，比阿難還先證得「阿羅漢＊果」。

還有一個叫蓮華色的美女，她嫁了一個年輕英俊的丈夫，可是在懷孕的時候，發現丈夫竟然跟寡居多年的母親有了不正常的關係。她無法接受這個事實，就在生下女兒以後，獨自離開家，遠走他鄉。

放大鏡

＊**阿羅漢**　有「殺盡煩惱之賊」、「解脫生死不受後有」跟「應受人間天上供養」的意思，是聽佛說佛法而悟道的人中最高的一級。

在外流浪的蓮華色，後來又認識了一個富有的商人，對她非常體貼，終於打動她的心，使她對生命跟感情又重新有了希望。蓮華色跟第二任丈夫在一起十多年，慢慢忘記過去痛苦的回憶。她的丈夫事業發達，經常到外地做生意，有一次久別回家的時候，帶回來一個他新娶的小妾。

蓮華色一看這個年輕漂亮的女孩子就非常喜歡，兩個人相處得非常融洽，可是當她問了女孩子的身世後，覺得晴天霹靂，眼前一黑昏倒在地，原來這個少女竟然是她跟前夫所生的女兒。她實在沒有辦法接受命運給她開的這個玩笑，先是跟母親共夫，如今又跟女兒共夫！她像發了瘋一樣離開了丈夫跟女兒，從此自暴自棄，成了一個專門玩弄男人感情的妓女。

她的美貌遠近馳名，有一天

她企圖引誘佛陀的弟子中素有神通第一之稱的目犍連尊者，卻被目犍連喝斥。她一直以為全天下的男人都是好色之徒，今天居然遇見一個不為女色所惑的人，忽然覺得慚愧得不得了了，她聲淚俱下的把自己的遭遇告訴目犍連尊者，目犍連安慰她說：「只要一想改過，人生就一定有希望。佛陀就像是一個本領高強的醫生，他能治療眾生各種心靈的疾病，妳何不去投靠他，跟隨他清淨修行呢？」蓮華色聽了非常高興，就啟程去拜見佛陀。

可是，走到半路的時候，她在河邊的水中看到自己美麗的倒影，不禁又有一點猶豫。這個時候，她遇見一個千嬌百媚的女人，也表示要到佛陀說法的地方去，兩個人就高興的相約同行。不料，這個女人忽然生起病來，美麗的面貌一下子就變得憔悴衰

老，沒有多久居然就病死了，她的屍體在蓮華色的眼前迅速的腐爛發臭。蓮華色這才驚駭的徹底明白，原來生命跟肉體都脆弱極了，「無常」隨時會來敲門，那麼還有什麼好猶豫的呢？出家以後的蓮華色很快就開悟證果，在比丘尼中以「神通第一」著稱。

# 19 連佛陀都
沒轍的事

「等一等。」

一直是旁觀者的旺才，看了這麼多男人女人跟佛陀出家的事情之後，覺得還是有一點不對，忍不住對佛陀「嗆聲」：「我覺得你這樣想盡辦法引誘別人來出家，好像不太對耶！尤其像你先把難陀『騙』來那樣，雖然出發點可能是好的，可是這麼多王子出家，你的國家怎麼辦？」

佛陀看著旺才，旺才覺得他的目光在莊嚴和慈悲中，還流露著悲傷的神情，「我正是為了我的祖國後代著想，才盡可能的鼓勵他們出家。」

「這又是為什麼呢？」

「你以為佛陀是萬能的嗎？不，我跟所有平凡的人一樣，有不能辦到的事，我就沒有辦法挽

救迦毗羅衛國終將滅亡的命運。」

「什麼？」旺才聽了不禁大吃一驚。原來「佛」也有「不能」，而且是「代誌」這麼大條的「不能」？

「當然，你且聽我慢慢道來吧。」

佛陀的祖國迦毗羅衛國，原本就是恆河北邊大國憍薩羅國的附庸國，憍薩羅國的國王「波斯匿王」，多年前曾向迦毗羅衛國提出聯姻的要求，可是釋迦族基於傳統的自尊心，不願意將王族的女兒嫁給外族，但是又很畏懼波斯匿王的勢力，所以偷偷將一個長得很漂亮的奴隸女侍，冒充是公主，嫁給了波斯匿王，不久生下太子「琉璃」。這個偷天換日的內情，除了波斯匿王不知道外，迦毗羅衛國中的王族大概都一清二楚。

有一次，琉璃太子到外公家

來學射箭，那時佛陀在迦毘羅衛城中新建的講堂將要落成，琉璃太子也來遊玩，這讓知道底細的釋迦族人非常生氣，因為他們覺得神聖的講堂被奴隸的孩子污染了，不但馬上把琉璃太子趕走，而且還在他離開後，把他曾經踩過的地方，掘土七尺，重新換上「乾淨」的土。

這對琉璃太子來說，是生平所受的奇恥大辱，他當時就憤恨的發誓：「等到我以後做了國王，一定要滅了釋迦族。」

三十年後，琉璃王果然為了報兒時所受的恥辱，率領大軍前來征討釋迦族。

佛陀前後三次等在琉璃王軍隊必經之地，而琉璃王也為了尊重佛陀，退了三次兵。直到第四次，佛陀知道這是釋迦族共同造下的惡業，無法避免，也只好隨他去了。

「所以今天多一個釋迦族的人跟我出家，就等於我多從迦毗羅衛國救出一個人。」佛陀幽幽的說。

旺才的震驚是難以形容的，原來，就連受人敬仰膜拜、無上正等正覺的佛陀，居然都不是「萬能」的，他甚至沒有辦法阻止自己祖國滅亡的命運，那麼當人們為了各種理由來「求」他時，又怎麼靠得住呢？

「如果連佛陀都靠不住，那麼我應該靠誰、求誰呢？還有誰能讓我靠、讓我有求必應呢？」

這個念頭一起來，就像是錄音機一樣，一遍又一遍在旺才的腦海中來來回回的問個不停。

「旺才啊，旺才啊，你到現在還不明白就算是佛陀，也不是萬能的嗎？你還記得我連自己的祖國都救不了的事嗎？非但我救不了自己的祖國，就連這個應該

很清淨的僧團，我也沒有辦法阻止一些跟隨我修行多年的弟子，在佛門中挑撥離間，讓我們分裂的事實啊。」一個蒼老的聲音，不疾不徐的傳入旺才的耳朵裡，才打斷了他的思路。

他看到佛陀不知怎麼已經變得這麼老了，雖然看著他時，旺才依舊能感受到從他身上散發出來無比的莊嚴和慈悲，可是，很明顯的，眼前的佛陀，已經垂垂老矣。

「讓我把過去差不多十年間的事情，簡單的說給你聽吧。」

在佛陀七十歲之後差不多十年的期間裡，不論是僧團，或者是佛陀所處的大環境，都發生了一些相當重大的事件，頭一椿，就是佛陀的堂弟「提婆達多」的叛教。

提婆達多是最初七個跟隨佛陀出家的王子之一，在最早剛出

家的時候，其實也是很用功修行的，他特別喜歡修神通，等到他學得一點神通後，就自以為很了不起，想要取代佛陀在僧團中的地位。

他不只一次收買兇手去刺殺佛陀，又蠱惑摩揭陀國的太子飯依在他門下；後來更主張以更嚴格的苦行來修行，在當時非常尊重苦行的社會中，得到很多人的支持；最後他就帶著一批附和他主張的比丘離開了僧團，另立門戶。

「以更嚴格的苦行方式來修行，好像也沒有什麼不對啊？」旺才疑惑的問。

「旺才，你忘了我在得道前的苦行嗎？我是過來人啊，在經過了六年的苦行之後，我比誰都明白，如果不能從思想上進入生命智慧的層次，那麼單純的節制欲望或者折磨身體，都不是圓滿

的修行方法。我不是反對苦行，苦行只是很多修行方法中的一種，它不見得適合所有的人。更何況，提婆達多主張苦行，目的是為了爭奪僧團中的領導權，並不是真的為了修行。」

「他要領導權，你給他就是了，難道連魔王都能征服的佛陀，還會對世俗的權力有所依戀嗎？」旺才更不明白了。

佛陀一點都沒有生氣，他看著旺才幽幽的笑著說：「我並不是僧團的領導人，佛教的僧團也沒有所謂的領導人。」

這個回答真的讓旺才目瞪口呆了，不過佛陀接下來的話，才解開他的疑惑。「真正領導佛教僧團的，是佛法跟戒律，而不是某一個特定的人哪。」

提婆達多的叛教，讓僧團的元氣大傷；佛陀的兩位好朋友，憍薩羅國的波斯匿王跟摩揭陀國

的頻婆娑娑羅王，都被自己的兒子篡位，陸續過世；不久佛陀的祖國遭到憍薩羅國新國王琉璃王的併吞，釋迦族也沒有辦法避免被滅族的命運，這些事情的發生，雖然一再驗證了「人世無常」的道理，可是依舊讓佛陀的心情沉重不已。

旺才慢慢的也能了解「無常」了，可是在他眼中，除了釋迦族是自己不應該，當年歧視琉璃太子，才給自己種下禍根之外，摩揭陀國的頻婆娑娑羅王，是因為兒子結交了壞朋友提婆達多，才被他蠱惑，犯下篡位的惡行。

旺才覺得，說來說去都是提婆達多這個傢伙不好，可是，像他這樣的人，身上披的是袈裟，嘴裡說的還是佛法，而且還主張以更嚴格的苦行為戒律，在一般人看來，不是更精進的一種行為

嗎？一般人實在很難論斷誰是誰非啊。

佛陀似乎知道旺才的疑惑，「來，旺才，慢慢跟我走在這世間的最後一段路，你就會找到答案了。」年邁的佛陀一邊說，一邊往前走，旺才也不由自主的跟了上去。

旺才的心裡被一種悲傷的情緒所充塞著，他看到佛陀的弟子東一群、西一群的聚集在四周，大家的表情都很憂傷，有人在低聲的交談。

「佛陀今天好一點了嗎？」

「還是差不多，唉，畢竟是八十歲的人了，怎麼禁得起這一病？」

另外一個弟子插嘴說：「如果，上次在波婆村，沒有去那個金銀匠淳陀家接受他供養的栴檀耳菌就好了。吃了那個菌以後，佛陀腹痛如絞，然後這一病，就

一直病到現在。」

「我到現在還是很難相信佛陀在遮婆羅塔說，他三個月以後將在『拘尸那城』這裡涅槃※的事，會是真的。」

「是啊，雖然這三個月來，佛陀持續病著，可是，我總覺得他不會有事的，你們還記得昨天嗎？佛陀的相貌現出一種不可思議的光輝，比平常更圓滿莊嚴呢。」

「唉，你沒看見阿難尊者那樣悲傷嗎？就因為佛陀告訴他，佛陀身上的光色有兩次特別不同，一次是在初成道時，另外一次就是將要『涅槃』的時候啊！」

一個年紀比較大的比丘說：「佛陀這一生，一再以他自己為例，向我們說明人世無常的道

＊涅槃　是佛教的特殊用語，是指「超越時空，不再有生死」的狀態，也就是一般人理解的「死亡」。

理，記得他說過天地萬物，都逃不了無常的定律，有相聚就必然有別離，人的身體是沒有那麼自由的，就算是佛陀，也不能違背這個法則。」

忽然人群騷動起來。

原來佛陀已經吩咐阿難在兩棵娑羅樹間，架好了床，佛陀頭朝北，面向西，身體向右側臥躺下，並且宣布他當天晚上就要涅槃。

人們聚集在佛陀四周，大家都在流淚，有一個疑問在每個人的心頭浮現：「在佛陀離開之後，如何繼續宣揚佛法，讓佛法在人間流傳呢？」

阿難代表大家問了這個問題，佛陀慈悲的告訴他們，在他走了之後，弟子們應該以「戒律」做他們的老師，依「四念處」*安住身心，用忍辱的態度面對那些無理取鬧的惡人，而在

宣說經典的時候，要加上一句「如是我聞」，表示是佛說的。

　　就在佛陀即將涅槃的時候，來了一個一百多歲的老者「須拔陀羅」，他向佛陀請教一個困惑的問題：「每一個修道的人，都認為自己是智者，走的是解脫大道，別人則都是邪說歧途，請問『正』與『邪』究竟該如何區別呢？」

　　佛陀非常歡喜的回答了這個從古到今困擾著無數宗教家的問題：「任何一個修行人，如果能體認世上一切的現象時刻都在變化中（「諸行無常」），所以根本說來，並沒有一個固定的『我』存在（「諸法無我」）；有了這個認識之後，他就不會強求違反這個真理，也不會因為時間和空間所

放大鏡
*四念處　就是指觀身不淨，觀受是苦，觀心無常，觀法無我。

帶來的變化，讓自己不滿意，或產生煩惱（「涅槃寂靜」）＊，再加上能夠努力實踐『八正道』，像這樣的人就是智者，所走的就是正道。」

須拔陀羅聽了這番話，不但不再有疑惑，而且對佛法生起信仰，請求佛陀允許他出家；於是，佛陀要阿難為他剃度，須拔陀羅便成了佛陀在世間所收的最後一位弟子。

在入涅槃之前，佛陀最後一次囑咐弟子，要遵守戒律，安分知足，節制欲望，以正直忍辱的精神做人處事，用精進有恆的態度修行度眾，千萬不要占卜星象，也不要用神通異術迷惑世人。

佛陀殷切的叮嚀：「你們不要

 放大鏡

＊諸行無常、諸法無我、涅槃寂靜，即是佛教中的「三法印」。

悲哀，我所要度的眾生已經度盡，還未度的眾生，也已做了得度的因緣。」他又安慰大家：「你們如果不能依照我教的法去做，就算我活上千萬年，又有什麼用？若能遵循我的教法修行，就等於我活在你們心中，永遠與你們同在。」

西山上高懸著一輪明月，在農曆2月15日的午夜，八十歲的佛陀安詳進入涅槃。

# 20 他找到了佛陀

　　旺才哭得停不下來，忽然有個人拍了拍他的肩頭，旺才抬起頭一看，月光下的一切不知何時成了一張巨大的停格相片，躺在樹下的佛陀，跪在地上的弟子，全都一動也不動，連他們滴下來的眼淚，也停在半空中；空氣中沒有風的流動，樹上的葉子、衣服的衣角沒有一絲波動，連一根針掉在地上都聽得見。而旺才，是這張照片裡唯「二」活動的人，還有一個熟悉的年輕人站在他身邊。

　　「為什麼？你為什麼帶著我進入這一切？為什麼是我？」旺才沒有開口，可是他知道眼前的年輕人「聽」到他的話了。

　　年輕人沒有開口，可是旺才也明明白白的聽見他說：「因為當

年你帶著我出四門，帶著我在二十九歲生日的那個晚上離開王宮，所以我也希望能帶領你，讓你不再迷失。」

旺才的眼前浮現那個駕車人的影子，啊，原來他以駕車為業不是這輩子才開始的，他曾經把各個人帶到他們的目的地，只是他自己的目的地又在何方？

忽然，大地震動，狂風大作，閃電雷鳴，那張巨大的相片開始旋轉，被吸進遠方的一個黑洞。接著，一張又一張旺才經歷過的相片被吸走，照片裡的佛陀從年老又逐漸年輕……。天空似乎要裂開了，不知道是哪裡來的強光，照得旺才在狂風雷電中，緊緊閉上了眼睛，他屈膝抱頭，摀住耳朵往身邊的草叢滾去……

「哎呀！」

旺才的額角一陣疼痛，他睜開眼睛一看，自己正躺在自家客

廳的地上，原來他從沙發上滾了下來，頭撞到茶几角了。

「我是睡著了嗎?」他摸摸頭，腦袋有點不清不楚，那一切究竟是真的還是只是個夢境？忽然……

「嚇!」看到供桌上那尊小小的木刻佛像，旺才驚得跳了起來，似乎一切都回到眼前。

旺才搖搖頭。

他走到供桌邊，雙手捧起那尊佛像，心裡有一種見到老朋友的感覺:「等一下就把你送回清涼寺去。」他自言自語的說。

這一段尋找佛陀的過程，旺才覺得如夢似幻般不真實，其實，是不是真的經歷過那段奇妙的旅程，現在對他來說已經沒有那麼重要了。

把佛像包好，旺才走出門，他的心裡十分安靜跟篤定，不管別人怎麼看，他覺得他終於找到

佛陀在哪裡了:「佛」在他懷抱的佛像裡，在寺廟的晨鐘暮鼓裡，在他放眼看去的一花一草、山河大地中，在來往的人群一言一語、一顰一笑間，在他踏出去的每一個步子裡，在他分分秒秒的呼吸中，在如果沒有了妄想執著的他的心裡。

是了，是了，佛陀哪裡需要天涯海角向外去尋找呢？該往每一個人的內心去找啊，只要清理掉貪念、瞋恨和愚癡的雜草，撥開像森林一樣濃密的妄想欲，以及有如高山大海般的執著心，「佛」不就清清淨淨的坐在那裡，從來就不曾離去啊。

旺才經過超級市場的時候，撕掉貼在那裡的「尋佛啟事」，他耳邊似乎聽到一個清晰的聲音:「眾生皆有如來智慧德相，只因妄想執著不能證得。」

## 釋迦牟尼小檔案

釋迦牟尼的生平，由於當時並沒有文字的記載工具，所以缺乏完整的歷史紀錄，僅以原始佛教經典中的紀錄，加以整理，供大家參考；比較特別的是，我們不採用一般常見的「紀元年」大事記，而是以釋迦牟尼的「年紀」作為事件記錄的準則。

| | |
|---|---|
| 誕生 | 農曆4月8日，出生於藍毘尼花園，父親是淨飯王，母親是摩耶夫人。 |
| 7歲 | 開始學習古印度的科學和哲學等學問。 |
| 17歲 | 和天臂城善覺王的女兒耶輸陀羅結婚。 |
| 29歲 | 遊四門，見「生、老、病、死」，出家求道。入苦行林，多方參訪名師修道。 |
| 35歲 | 放棄苦行，前往菩提伽耶。12月8日徹悟成道。前往鹿野苑度化五比丘，初轉法輪，說「四聖諦」，「佛、法、僧」三寶正式完備。 |
| 36歲 | 進駐摩揭陀國的頻婆娑羅王為他蓋的「竹林精舍」，開始有計畫的弘法。 |

40 歲　前往須達長者和憍薩羅國的祇陀太子為他建的 「祇園精舍」，後遂南北往來於「竹林精舍」和「祇園精舍」間，四處遊化。

43 歲　淨飯王迎請佛陀回到祖國「迦毘羅衛國」。接受諸王子、兒子、弟弟、堂弟等人和理髮師優波離一同出家，在當時的社會引起震撼。佛陀的姨母率領宮女跟隨佛陀出家，從此女人也可以出家。

70 歲　提婆達多叛變，意圖分裂僧團。琉璃王攻打迦毘羅衛國，被佛陀阻止三次，但第四次終於占領迦毘羅衛國，釋迦族滅亡。

80 歲　度化最後一位弟子須拔陀羅。農曆 2 月 15 日午夜，在拘尸那城的娑羅樹間進入涅槃。

兒童文學叢書

# 影響世界的人

在沒有主色，沒有英雄的年代
為孩子建立正確的方向
這是最佳的選擇

一套十二本，介紹十二位「影響世界的人」，看：

**釋迦牟尼、耶穌、穆罕默德**如何影響世界的信仰？

**孔子、亞里斯多德、許懷哲**如何影響世界的思想？

**牛頓、居禮夫人、愛因斯坦**如何影響世界的科學發展？

**貝爾**便利多少人對愛的傳遞？

**孟德爾**引起多少人對生命的解讀？

**馬可波羅**激發多少人對世界的探索？

他們，

足以影響您的孩子——

# 去影響世界的未來

# 獻給孩子們的禮物

## 「世紀人物100」

### 訴說一百位中外人物的故事

### 是三民書局獻給孩子們最好的禮物！

◆ 不刻意美化、神化傳主，使「世紀人物」
  更易於親近。

◆ 嚴謹考證史實，傳遞最正確的資訊。

◆ 文字親切活潑，貼近孩子們的語言。

◆ 突破傳統的創作角度切入，讓孩子們認識
  不一樣的「世紀人物」。

國家圖書館出版品預行編目資料

尋佛啟示：釋迦牟尼 / 李民安著;程剛繪.－－初版三
刷.－－臺北市：三民，2011
　　面；　　公分.－－(兒童文學叢書／世紀人物100)

ISBN 978–957–14–4410–9　(平裝)

1.釋迦牟尼(Gautama, Buddha)－傳記－通俗作品

229.1　　　　　　　　　　　　　　　　95001349

© 尋佛啟示：釋迦牟尼

| | |
|---|---|
| 著 作 人 | 李民安 |
| 主　　編 | 簡　宛 |
| 繪　 者 | 程　剛 |
| 發 行 人 | 劉振強 |
| 著作財產權人 | 三民書局股份有限公司 |
| 發 行 所 | 三民書局股份有限公司 |
| | 地址　臺北市復興北路386號 |
| | 電話　(02)25006600 |
| | 郵撥帳號　0009998–5 |
| 門 市 部 | (復北店)臺北市復興北路386號 |
| | (重南店)臺北市重慶南路一段61號 |
| 出版日期 | 初版一刷　2006年9月 |
| | 初版三刷　2011年11月 |
| 編　　號 | S 781780 |

行政院新聞局登記證局版臺業字第○二○○號

有著作權‧不准侵害

ISBN　978–957–14–4410–9　　(平裝)

http://www.sanmin.com.tw　三民網路書店
※本書如有缺頁、破損或裝訂錯誤，請寄回本公司更換。